中國學術思想研究輯刊

三六編

林慶彰 主編

第3冊

一種人性，兩種視域：荀子與韓非子人性觀之比較

朱敏伶 著

花木蘭文化事業有限公司

國家圖書館出版品預行編目資料

一種人性，兩種視域：荀子與韓非子人性觀之比較／朱敏伶 著
-- 初版 -- 新北市：花木蘭文化事業有限公司，2022〔民111〕
目 2+156 面；19×26 公分
（中國學術思想研究輯刊 三六編；第3冊）
ISBN 978-626-344-046-3（精裝）
1.CST：（周）荀況 2.CST：（周）韓非 3.CST：學術思想
4.CST：人性論 5.CST：比較研究
030.8　　　　　　　　　　　　　　　　　111010186

ISBN-978-626-344-046-3

9 786263 440463

中國學術思想研究輯刊
三六編　第三冊　　　　　　ISBN：978-626-344-046-3

一種人性，兩種視域：荀子與韓非子人性觀之比較

作　　者　朱敏伶
主　　編　林慶彰
總 編 輯　杜潔祥
副總編輯　楊嘉樂
編輯主任　許郁翎
編　　輯　張雅淋、潘玟靜、劉子瑄　美術編輯　陳逸婷
出　　版　花木蘭文化事業有限公司
發 行 人　高小娟
聯絡地址　235 新北市中和區中安街七二號十三樓
　　　　　電話：02-2923-1455／傳真：02-2923-1452
網　　址　http://www.huamulan.tw 信箱 service@huamulans.com
印　　刷　普羅文化出版廣告事業
封面設計　劉開工作室
初　　版　2022 年 9 月
定　　價　三六編 30 冊（精裝）新台幣 83,000 元　　版權所有・請勿翻印

一種人性，兩種視域：荀子與韓非子人性觀之比較

朱敏伶 著

作者簡介

　　朱敏伶，1979 年生於基隆，後遷居台北市。1997 年畢業於北一女中，2001 年畢業於國立新竹師範學院（現為國立清華大學竹師教育學院）數理教育學系，2012 年畢業於輔大哲學系碩士班，2022 年畢業於輔大中文系博士班。

　　現職為新北市新莊區光華國小教師，任職期間曾短暫兼任國家教育研究院測驗及評量研究中心研究教師。

提　要

　　本論題訂為「一種人性，兩種視域：荀子與韓非子人性觀之比較」，「一種人性，兩種視域」乃交代研究方法及視角，副標題則交代研究對象及範圍，詳細統整在第一章之內容。第二、三章則以《荀子》、《韓非子》的文本進行梳理，探究兩人同樣透過經驗考察人類的行為現象，卻各自展現出「性惡」、「自利自為」的不同解釋。第四、五章延續以《荀子》、《韓非子》的文本為基礎，分析荀子與韓非子對人性的不同解釋，如何衍生出其人性視域所預設呈現的不同風貌。第六章比較兩人的人性視域融合差異，並歸納出荀子與韓非子的政治哲學都以「君—群」為架構，但其細部歷程則出現重君德與重君權的差異。第七章的結論先述「荀子與韓非子思想之中國哲學特質」，關注兩人學說中都呈現「人—群—君」三個議題的共構返回循環彼此相互觀照；再論「荀子與韓非子思想的現代意義」，以人的本質關懷導向教育、法治的時代性詮釋作為衰多益寡的相互匯融。

目次

第一章　緒　論

第一節　研究動機與目的

　　源自於在小學的教育現場工作接近二十年的經驗，對於「人性」的特質益發有不同的感觸。每個孩子都有自己的特質，家長以往大多會希望老師能讓其適應在群體生活下學習與他人相處，也就是希望透過教育讓孩子學習進入社會化的歷程。而這幾年的狀況則不然，小孩犯了錯或行為不恰當，就會出現少數的父母強力為其辯護，有幾次的狀況甚至嚴重到要進入司法程序。在教育現場，「人性本惡」的說法從未停歇，此一說法總是讓人聯想到荀子的「性惡」論。其實，荀子的「性惡」思想並不如表面上看來直接解釋為人性本惡這麼簡單，荀子提出「性惡」的目的應該是希望人能知道自己能夠經由禮義而教化向善，而非直接用「性惡」的說法來否定人的價值。一般人認定荀子主張「性惡」，但若詳細探究其學說的實質內容，會覺察荀子的人性論包括了「化性起偽」，這個說法蘊含著人有自省錯誤的能力、並且相信人本身有實現善的潛能。教育現場的大多數孩子都是善良可愛的，也大多數願意一直往好的品德修養前進。但是，有極少數的孩子出現的行為，被許多家長認為那只是順其人格特質的自然現象，使得社會上甚至出現直接以進入「法」的程序來作為教育學生的方式，此一主張也就是等同否定教育中有一個重要的任務，就是使其受教育者能遵守社會秩序的要務。

　　而說到「以法為治」的觀念，就會讓人想到曾經師學荀子的韓非子。先秦諸子中，荀子與韓非子為師生關係，然一為儒家，一為法家代表人物，荀

子曾於稷下三為祭酒，《荀子》中別具一格的「禮治主張」，皆具體呈現其人作為思想家的創造性和批判性精神。至於韓非子，終其一生雖未真正獲得重用，然其學說傳至秦國，得到始皇賞識，直接影響了秦的治國方略，促使搶得一統天下的先機。荀子是先秦儒家中主張性惡的思想家，他主張：「人之性惡，必將待師法然後正，得禮義然後治」，故《荀子》以〈勸學〉為首章，分外突顯對於後天教育化性起偽功能的重視。韓非子則從「人人皆挾自為心」之人性觀點出發，秉持尚功利、自利的人性觀、歷史觀，並依此作為政治運作的富國強兵之道，也就是提出「以法為治」的法治主張。

　　荀子與韓非子的思想，即使只論其中一人，也是相當大的題目，因此本文將焦點集中在二人的人性論與人性觀，乃至於其思想所開展的視域作分析，接著衍生到少量的政治思想比較。若細觀荀子和韓非子對於人性的立基點，會覺察皆是以「觀察」人的行為開始。此一部分，其實與教育現場所觀察的兒童行為有某些相符之處。故本文研究動機與目的，乃基於前述兩人對於人性觀察的相似著重處開始，進而分析兩人如何從觀察相同的「一種人性（人性是指人區別於動物的各種屬性和概括）」〔註1〕，發展出截然不同的「兩種視域」〔註2〕。根據姚蒸民的說法，法家僅有政治哲學。所以關於荀子與韓非子的人性視域比較，也鎖定在政治哲學範圍探究。〔註3〕企圖由雙方不同的角度切入，做一全面性的比較，以明其思想在現代意義中的利弊得失。

第二節　研究方法

　　本文的研究步驟為先進行文獻調查的工作：即蒐集相關的文獻加以閱讀與整理。對於《荀子》與《韓非子》二書之內容，逐篇加以檢讀，並對各段思想大意加以鉤勒，以期對二人之思想有通盤了解。其次為理論分析，本研究

〔註1〕人性是指人區別於動物的各種屬性和概括。人性論即指抽象地去解釋人的共同本質之觀點或學說。參見馮契主編：《哲學大辭典》，上海：上海辭書出版社，1992，頁20。

〔註2〕「視域」，本指一個人視野範圍內的區域。即是「思想與有限規定性的聯繫，以及擴展自視範圍的步驟規則。」參見 Hans-Georg Gadamer 著，洪漢鼎譯：《真理與方法》，2冊，第1卷，臺北市：時報文化，1993，頁195～196。

〔註3〕姚蒸民認為：「法家僅有政治哲學，雖兼設有人性論或知識論之類，但均為政治哲學所吸收。而儒道墨三家則除政治哲學外，尚有有其他哲學為之附麗。」參見姚蒸民：《法家哲學》，臺北市：東大圖書公司，2006，頁5。

之內容主要著重在荀子與韓非子對於人性行為所產生的觀點做個別的詳細分析，再針對其對社會國家所衍生出的主張深入比較探究。為求分析的正確性，根據文獻所得之資料，再進行探討，此探討工作又可細分為以下四個方面：

一、基源問題研究法〔註4〕

　　「基源問題」是指某一個人或學派的思想理論，基本上必然是針對某一個核心問題的解答，進而推展開的系統化理論：為解答某一基源問題，必引伸許多次級的問題，為解答這些次級的問題又會引申出再次級的問題，如此層層相關的問答系列即構成某一思想的基本結構。〔註5〕但一般哲學家往往不會將其學說的基源問題明顯的說出來，因此常需要邏輯意義的理論還原的工作，而理論還原就是由許多論證中逐步反溯其根本意向所在，配合一定材料，以釐清基源問題之表述，依邏輯順序地解析所提之基源問題及衍生問題，構成一完整之整體理論架構。透過此種方法，能夠更容易比較出荀子韓非子兩位思想家之間相同與相異的部份。也可以更清楚的看出，兩人的某些理論究竟是「對於同一個問題所產生的不同解答」，抑或是「所要解答的根本上就是兩個不同的問題」。

二、歸納法

　　就蒐集欲研究主題的原典、歷史文獻、研究專書、期刊與論文等等資料，將主題中性質相似的觀點歸納統整，成為本文中所欲分析、驗證、說明之論述。且本文採用此研究方法，藉由古人原典對荀子與韓非子相關史實之研究、學說之記載，加上近世學者專家分析所成的著作，加以統整並歸納出本文所欲研究的最後架構。另研讀中國歷史整體發展之脈絡，探討歸納荀子與韓非子思想學說於先秦歷史發展中所扮演的角色。

三、比較法

　　在研讀眾多相關荀子與韓非子思想之觀點著作時，對於兩種以上持相同或不相同觀點的後人著作，藉由研讀原典與瞭解其中心思想後，以邏輯辯證的方式推理、分析荀子與韓非子存在之時代環境背景和立論的基礎、原因，再以此與今昔相關論述相互比較，經由相關文獻及歷史資料補充說明，檢證

〔註4〕勞思光：《新編中國哲學史（一）》，臺北市：三民書局，2000，頁15～17。
〔註5〕李賢中：《墨學——理論與方法》，臺北市：揚智文化，2003，頁71。

其對荀子與韓非子思想是否有以偏蓋全或自相矛盾的說法，試圖得出客觀的結論，以利進一步理解與詮釋。

四、詮釋學觀點

自從施萊馬赫（Friedrich Daniel Ernst Schleiermacher，1768～1834）奠定當代詮釋學，經過了近兩個世紀的發展，已成為一股令人矚目的世界性哲學思潮。如今，這股思潮再次突破了語言的界限，向著具有悠久歷史傳統的中國哲領域蔓延開來。〔註6〕詮釋學的中國化研究無疑是一項很有意義的工作，這不僅是指被消化和吸收的西方詮釋學可以豐富我們的哲學思想，更重要的是，詮釋學作為一種新的理解理論，能夠有助於我們對中國的哲學傳統作出適合於我們這個世界之時代精神的新解釋，使得古老的中國文化與思維傳統重放異彩。〔註7〕本文的研究避免以西方哲學「格式化」中國哲學的角度做理解，主要解釋仍以《荀子》和《韓非子》的文本為主，結論部分採用少量詮釋學觀點：「前理解（Preunderstanding）」〔註8〕、「視域融合（Fusion of Horizons）」〔註9〕將《荀子》和《韓非子》的部分內涵融合現代知識、教育方式與政治應

〔註6〕潘德榮：《詮釋學導論》，臺北市：五南出版社，1999，頁222。
〔註7〕潘德榮：《詮釋學導論》，頁235。
〔註8〕「前理解（Preunderstanding）」由德國哲學家伽達默爾（Hans-Georg Gadamer）提出。此指解釋的理解活動之前存在的理解因素。它們構成解釋者與歷史存在之間的關係。前理解（Preunderstanding）是理解的前提，理解不能從某種精神空白中產生，它在理解之前就被歷史給定了許多的已知東西，形成了先在的理解狀態。這些前理解包括解釋者存在的歷史環境、語言、經驗、記憶、動機、知識等因素，形成了先在的理解狀態。這些因素即使與將來理解的東西發生抵觸，也可以作為一種認識前提在理解活動中得到修正。因此理解不是個人的、全新的、完全主觀的，它是一個歷史過程，是一個從前理解到理解，再到前理解的指向未來的循環過程。它總在歷史性的、先在的『前理解』狀態基礎上，獲得新的理解。」參見楊蔭隆主編：《西方文學理論大辭典》，長春：吉林文史出版社，1994，頁952。「伽達默爾（Hans-Georg Gadamer，1900～2002）肯定這種前結構是理解的必要條件。理解開始於前理解。」參見洪漢鼎：《當代哲學詮釋學導論》，臺北市：五南出版社，2014，頁133。
〔註9〕「『視域融合』又被稱為『視界融合』論，由德國哲學家伽達默爾（Hans-Georg Gadamer）提出。指由解釋者的主體理解視野，和被解釋對象（如歷史文本、文學作品、文化傳統等）的歷史視野之間的相互作用所產生的一種融合狀態，是理解活動的最高境界。伽達默爾（Hans-Georg Gadamer）認為，在理解活動中，解釋者主體被歷史和文化傳統等因素組成的『前理解』、『前結構』所限定，構成一種指向對象的理解視野；而被解釋對象如文學作品、歷史文本等，也具有自己的理解視野，它期待並指向解釋主體的解釋，尋求最大限度地得

用，以期符合時代性之需求。

第三節　研究範圍

一、荀子部分

在佛學尚未傳入中國之前，儒家和道家哲學主導了中國整個哲學發展，亦是人們人生觀點的主軸思想。〔註10〕所以在解讀儒家觀點時，必須特別深入理解儒家對於「人」本質上的終極關懷。一般來說，荀子乃是被歸於儒家的，但是根據荀子在稷下的遊歷，許多學者都提出荀子和稷下學者的學說有重要的聯繫，根據《荀子》的內容，確實看得出他是一位綜合先秦各家學說的大成者。

關於《荀子》的解讀方面，遭遇到的困難比《韓非子》多。《荀子》從先秦一直到唐代才有楊倞為之注，雖然重新編排過，但是不失漢時之舊，因為宋明儒者對荀書頗多非議（以〈非十二子〉、〈性惡〉受指責最多），直到清中葉以後才受重視；光緒年間由王先謙採集各家之說並編著《荀子集解》。〔註11〕因為《荀子》在歷史上的命運坎坷，一直不被重視，各家學者對其真偽持各種不同的說法。廖明春認為《荀子》各篇蓋分為三類：第一類是荀子親自所著；第二類是荀子弟子所記錄的荀子言行；第三類是荀子整理、收集的資料，然後穿插弟子之作。〔註12〕有關版本考據問題，不在本文討論之列，針對《荀子》的原典中有些字的更動和斷句上的爭議仍多，本文以王先謙的《荀子集解》

到歷史性的合理解釋。在這兩種視野的相遇中，主體的理解視野不能隨意地解釋歷史對象；而被解釋對象的理解視野，也不能因其特定的歷史內容而使主體的能力受到不應有的妨礙，甚至消融主體，使主體墮入無法求得的歷史真實性的徒勞追求中。解釋的主體和對象的關係應該達到一種『視界融合』。因此，在此基礎上，使理解產生出新的意義，即既不是主體意義的實現，也非對象客體意義的還原的一種新質的理解，具有歷史有效性的理解。這將給歷史的解釋活動帶來前進。」參見楊蔭隆主編：《西方文學理論大辭典》，頁837。「前理解或前見是歷史賦予理解者或解釋者的生產性的積極因素，它為理解者或解釋者提供了特殊的『視域』（Horizont）……理解者或解釋者在與文本接觸中，不斷擴大自己的視域，使它與其他視域相交融，這就是伽達默爾所謂的『視域融合』。」參見洪漢鼎：《當代哲學詮釋學導論》，頁144～145。

〔註10〕趙中偉：《道者，萬物之宗：兩漢道家形上思維研究》，臺北市：洪葉文化事業有限公司，2004，頁465。

〔註11〕王先謙：《荀子集解》，北京：中華書局，1996，（點校說明）頁2～3。

〔註12〕廖名春：《荀子新探》，臺北市：文津出版社，1994，頁55。

為主，輔以梁啟雄的《荀子簡釋》〔註13〕、王忠林的《新譯荀子讀本》〔註14〕、
熊公哲的《荀子今註今譯》〔註15〕等書排除其文字解讀上的疑慮。內容深究的
部份，則參酌相關的通書類和專著類，如：羅光的《中國哲學思想史‧先秦篇》
〔註16〕、徐復觀的《中國人性論史‧先秦篇》〔註17〕等乃屬通書類；如廖名
春的《荀子新探》、李哲賢的《荀子之核心思想——「禮義之統」及其現代意
義》〔註18〕等書則屬於專著類。另外也參酌相關的期刊論文，如張勻翔的〈本
於立人道之荀子「不求知天」與「知天」觀之智德內涵〉〔註19〕、方旭東的
〈可能而不能——荀子論為善過程中的意志自由問題〉〔註20〕等為期刊論文。

二、韓非子部分

本文對於《韓非子》二十卷共五十五篇之內容，加以逐篇檢讀並對其各
篇思想大意加以勾勒，以期對韓非子法治思想有一全盤考量。關於《韓非子》
各篇之真偽問題，歷來學者多有考證，惟考證之結果各趨極端、也多有出入，
故考偽者雖多，卒難有確切一致之定論。〔註21〕

傅武光認為：

> 所謂真偽，是以「是否韓非手著」為標準。以這個標準來衡量，後
> 世學者沒有一個認為今傳本《韓非子》五十五篇皆真。……標準恐
> 怕過於嚴格。……其實古書無所謂真偽的問題，只是純粹與駁雜的
> 問題，若從目錄學的角度來看，這是很自然的現象。〔註22〕

〔註13〕梁啟雄：《荀子簡釋》，臺北市：木鐸出版社，1983。
〔註14〕王忠林：《新譯荀子讀本》，臺北市：三民書局，1972。
〔註15〕熊公哲：《荀子今註今譯》，臺北市：臺灣商務印書館，1980。
〔註16〕羅光：《羅光全書》，六冊，《中國哲學思想史‧先秦篇》，臺北市：臺灣學生
　　　　書局，1996。
〔註17〕徐復觀：《中國人性論史‧先秦篇》，臺北市：臺灣商務印書館，1978。
〔註18〕李哲賢：《荀子之核心思想——「禮義之統」及其現代意義》，臺北市：文津
　　　　出版社，1994。
〔註19〕張勻翔：〈本於立人道之荀子「不求知天」與「知天」觀之智德內涵〉，《哲學
　　　　與文化（月刊）》第34卷第12期，2007年12月，頁69～86。
〔註20〕方旭東：〈可能而不能——荀子論為善過程中的意志自由問題〉，《哲學與文化
　　　　（月刊）》第34卷第12期，2007年12月，頁55～68。
〔註21〕各篇考證問題參見陳啟天：《增訂韓非子校釋》，臺北市：臺灣商務印書館，
　　　　1969，頁1006～1015及姚蒸民：《韓非子通論》，臺北市：東大圖書公司，
　　　　1999，頁17～31。
〔註22〕賴炎元、傅武光：《新譯韓非子》，臺北市：三民書局，1990，頁6～7。

　　中國先秦各家之典籍大多出於其弟子或後學記載，故不宜過於拘泥，也不宜因某些篇章的疑慮而抹殺全書之價值，故本文不勉強陷入有關版本考據問題與典籍真偽之爭，便不逐一做《韓非子》篇章真偽之考證。本文引據之版本以王先慎之《韓非子集解》〔註23〕及賴炎元、傅武光之《新譯韓非子》為主，因其題解、注釋、語譯皆充足詳加考定，頗為詳盡，各篇真偽及其詳細論證也有所說明，對於韓非子之思想亦多有闡發，確實很適合做為研究之參考。

　　內容深究的部份，則參酌相關的通書類、專著類及其他非法家思想著作，如：牟宗三的《中國哲學十九講》〔註24〕、姚蒸民的《法家哲學》等書乃屬通書類；如王靜芝的《韓非子思想體系》〔註25〕、王邦雄的《韓非子的哲學》〔註26〕等書則屬於專著類。另外也參酌相關的期刊論文或其他非法家思想的論著，如傅玲玲的〈「不以善惡論之」──韓非人性論之討論〉〔註27〕、林安梧的〈韓非子政治哲學的特質及其困限──以「法」、「術」、「勢」三者為核心展開的分析〉〔註28〕等為期刊論文；如李賢中的《墨學──理論與方法》、李生龍的《新譯墨子讀本》〔註29〕等為其他非法家思想的論著。

三、荀子與韓非子的比較部分（以學位論文為範圍）

　　單論韓非子的論文列舉以下幾篇：許薾君的《從《韓非子》寓言論韓非的政治思想》〔註30〕、林育瑾的《論韓非「存王論霸」之「正道」政治思想》〔註31〕、周筱葳的《韓非子對墨子政治思想承與變之研究》〔註32〕、張永杰

〔註23〕 王先慎著，鍾哲點校：《韓非子集解》，北京：中華書局，2011。
〔註24〕 牟宗三：《中國哲學十九講》，臺北市：臺灣學生書局，2002。
〔註25〕 王靜芝：《韓非子思想體系》，臺北縣新莊鎮：輔仁大學文學院，1977。
〔註26〕 王邦雄：《韓非子的哲學》，臺北市：東大圖書公司，1979。
〔註27〕 傅玲玲：〈「不以善惡論之」──韓非人性論之討論〉，《哲學論集》第40期，2007年7月，頁79～96。
〔註28〕 林安梧：〈韓非子政治哲學的特質及其困限──以「法」、「術」、「勢」三者為核心展開的分析〉，《鵝湖學誌》第1期，1988年5月，頁97～119。
〔註29〕 李生龍：《新譯墨子讀本》，臺北市：三民書局，2000。
〔註30〕 許薾君：《從《韓非子》寓言論韓非的政治思想》，淡江大學中國文學系博士論文，2009。
〔註31〕 林育瑾：《論韓非「存王論霸」之「正道」政治思想》，國立臺灣大學國家發展研究所博士論文，2019。
〔註32〕 周筱葳：《韓非子對墨子政治思想承與變之研究》，國立高雄師範大學國文學系博士論文，2018。

的《韓非子》法思想及其現代意義》〔註33〕。單論荀子的論文列舉以下幾篇：金春燕的《荀子「天人分合」思想之研究》〔註34〕、葉冰心的《荀子的人觀──以社群倫理為核心的探究》〔註35〕、王淑理的《荀子之政治哲學與其人性論研究》〔註36〕、本人所著之《從荀子的性惡論看「善」的實現》〔註37〕。韓非子學說之研究均鎖定在政治哲學、法的範疇為主，可以想見其學說以政治為論述主軸的特色鮮明；荀子學說之研究範疇較廣，有「天人關係」、「社群倫理」、「政治哲學」、「人性論」……，可以想見其學說除了政治哲學特質之外，針對其他哲學領域之論述亦有完整架構。

　　另外，「比較荀子與韓非子的學說」之相關學位論文有以下六篇〔註38〕：吳源鴻的《荀子禮治與韓非法治理論基礎述評》〔註39〕、李載學的《荀子的禮治思想與韓非子的法治思想之比較研究》〔註40〕、歐嘉慧的《先秦荀子與韓非子法家思想之比較》〔註41〕、鍾麗琴的《荀子與韓非教育思想之比較》〔註42〕、張竹貞的《《荀子》與《韓非子》教育思想之比較》〔註43〕、盧品青

〔註33〕張永杰：《《韓非子》法思想及其現代意義》，天主教輔仁大學哲學系在職專班碩士論文，2018。

〔註34〕金春燕：《荀子「天人分合」思想之研究》，逢甲大學中國文學系博士論文，2019。

〔註35〕葉冰心：《荀子的人觀──以社群倫理為核心的探究》，中國文化大學哲學系博士論文，2019。

〔註36〕王淑理：《荀子之政治哲學與其人性論研究》，國立中山大學中國文學系博士論文，2016。

〔註37〕朱敏伶：《從荀子的性惡論看「善」的實現》，天主教輔仁大學哲學系碩士論文，2012。另收錄於林慶彰主編，《中國學術思想研究輯刊》二九編，新北市：花木蘭文化出版社，2019。

〔註38〕相關資料引述自「臺灣博碩士論文知識加值系統」網站：https://ndltd.ncl.edu.tw/cgi-bin/gs32/gsweb.cgi/ccd=DsJCqY/webmge?mode=basic，瀏覽日期：2021年10月1日。

〔註39〕吳源鴻：《荀子禮治與韓非法治理論基礎述評》，高雄師範大學中國文學系碩士論文，1984。

〔註40〕李載學：《荀子的禮治思想與韓非子的法治思想之比較研究》，天主教輔仁大學哲學系碩士論文，1992。

〔註41〕歐嘉慧：《先秦荀子與韓非子法家思想之比較》，東海大學政治學系碩士論文，2004。

〔註42〕鍾麗琴：《荀子與韓非教育思想之比較》，明道大學國學研究所碩士論文，2006。

〔註43〕張竹貞：《《荀子》與《韓非子》教育思想之比較》，中山大學中國文學系在職專班碩士論文，2007。

的《從「禮─法」觀比較荀子與韓非之政治哲學》〔註44〕。此六篇均為碩士
學位論文，有五篇屬於人文學門，一篇歸屬於社會及行為科學學門（政治學）；
以「禮」、「法」概念作為荀子與韓非子學說之區別者有三篇，以教育思想作
為荀子與韓非子學說比較主軸的有兩篇；另有一篇則以法家思想為主軸之政
治學角度論述兩者思想差異。此六篇的研究主軸確實符合先秦哲學的特質：
均屬「行為之學問」。〔註45〕足見前人的研究都已從「行為之學問」之範疇內
精闢深入分析荀子與韓非子的學說異同之處，其最大的優點為掌握中國哲學
的傳統特質。

　　若依姚蒸民的看法，以行為的學問來看荀子與韓非子的學說，會覺察兩
人的學說實質是論「人」的「行為之學問」，那麼「人」的本質〔註46〕思索應
是一個非常值得關注的卻又未被上述論文聚焦的研究特點。本文試圖突破前
人研究荀子與韓非子學說之研究起點（「行為之學問」觀點），改從兩人的人
性觀出發，重新規範並釐清兩人之學說差異。但是因為未依循傳統研究邏輯，
本文或可能在比對或論述時，嚴謹度上無法呈現出高度之精準性。

第四節　荀子與韓非子的生平與思想特色

一、荀子部分

　　荀子名況，字卿，或時人尊稱為卿，古籍又稱為孫卿，戰國趙人。他的
生卒年歷史上並沒有明確的記載。近人廖名春先生根據《史記·孟荀列傳》、

〔註44〕盧品青：《從「禮─法」觀比較荀子與韓非之政治哲學》，天主教輔仁大學哲
　　　　學系碩士論文，2011。

〔註45〕姚蒸民認為：「中國哲學以先秦時期最為發達，並特重人與人的關係，為行為
　　　　的學問，而非分知識的學問。儒墨法道四家之學，均為行為之學問，具有政
　　　　治哲學之特性，若以政治哲學而論，四家思想迥異。」參見姚蒸民：《法家哲
　　　　學》，頁 5。

〔註46〕「形上本質（Metaphysicl Essence）是指事物最內在的中心，沒有這種本質，
　　　　事物就會停止存在。物性本質（Physicl Essence）則除了上述本質之外，還包
　　　　括那些必然隨形上本質而來的本質特性；沒有這種物性的本質，則個別的本
　　　　質就不能以物性的形式實現。……而以人的本質而言，抽象的動物性與理性
　　　　是人的形上本質，肉體和靈魂是人的物性本質。」參見布魯格·華爾特
　　　　（Brugger, Walter）編著，項退結編譯：《西洋哲學辭典》，臺北縣：國立編譯
　　　　館、先知出版社，1976，頁 106。

劉向《敘錄》中「年五十而始學來齊」的記載，及荀子對錢幣的稱呼（刀布）加以判斷曰：荀子約生於西元前 336 年，卒於西元前 236 年〔註47〕。荀子曾周遊列國，遊說諸侯，然皆未能在國際間一展長才；回顧荀子一生，影響後世最深遠的，應該是在齊的稷下學宮與任職楚的蘭陵令時期。荀子到楚國任蘭陵令一事，並見於《戰國策》、司馬遷《史記》、劉向《孫卿書錄》、應劭《風俗通義》。〔註48〕西元前 255 年，楚國滅魯，新得蘭陵之地，剛好荀子適楚，被春申君任命為蘭陵令。不久有人向春申君進讒，因此荀子曾一度離開楚國。後來又有人勸春申君應該重用賢才。在春申君的誠意邀請下，荀子又回到楚國，復任蘭陵令〔註49〕。荀子任蘭陵令期間，積極辦學、行教育，並著書立說，將他的思想學說流傳於後世，影響後代至深至鉅。〔註50〕

前述提到關於荀子的生卒年在歷史上並沒有明確的記載，但是對於荀子遊齊三為祭酒，且在稷下最為老師的這件事情的看法則是一致，認為真實性很高，〔註51〕那麼可以推測荀子在當時的社會地位應該不低。一般來說，荀子乃是被歸於儒家的，但是根據荀子在稷下的遊歷，許多學者都提出荀子和稷下學者的學說有重要的聯繫，如〈天論〉中則融合了儒家的天人合一論和道家強調的天道的自然無為與順應自然；〔註52〕〈正名〉中的共名、別名的

〔註47〕廖名春《荀子新探》，頁 21〜40。

〔註48〕《史記‧孟子荀卿列傳》：「齊人或讒荀卿，荀卿乃適楚，春申君以為蘭陵令。」。《春申君列傳》：「春申君相楚八年，為楚北伐滅魯，以荀卿為蘭陵令。」瀧川龜太郎：《史記會注考證》臺北市：天工書局，1989，頁 946〜969。荀子任蘭陵令的時間各家或有不同，但並未否定此一史實。參見錢穆《先秦諸子繫年》，臺北市：三民書局，1981，頁 431〜434。

〔註49〕《戰國策，楚策四》：「客說君曰：『湯以亳，武王以鎬，皆不過百里以有天下，今孫子天下賢人也，君藉之以百里之勢，臣竊以為不便於君何如？』春申君曰：『善』於是使人謝孫子，孫子去趙，趙以為上卿。客又說春申君曰：「昔伊尹去夏入殷，殷王而夏亡；管仲去魯入齊，魯弱而齊強；夫賢者之所在，其君未嘗不尊，國未嘗不榮也，今孫子天下賢人也，君何辭之？」春申君又曰：『善』於是使人請孫子於趙。」引自（漢）劉向：《戰國策》，臺北市：里仁書局，1990，頁 72。

〔註50〕《史記‧孟子荀卿列傳》：「春申君死而孫卿廢，因家蘭陵。……嫉濁世之政，亡國亂君相屬，不遂大道而營乎巫祝信機祥；鄙儒小拘，莊周等又滑稽亂俗，於是推儒墨道德之行事興壞，序列數十萬言而卒，因葬蘭陵。」瀧川龜太郎：《史記會注考證》，頁 946。

〔註51〕羅根澤：《諸子考索》，北京：人民出版社，1958，頁 364〜368。

〔註52〕白奚：《稷下學研究──中國古代的思想與百家爭鳴》，北京，生活‧讀書‧新知三聯書局，1998，頁 283。

分類方式，則是受到《墨經》的影響；〔註53〕〈性惡〉則受到稷下先生尹文（西元前350～285）〔註54〕、田駢（西元前350～275）〔註55〕、慎到（西元前350～275）〔註56〕的啟發；〔註57〕而〈解蔽〉中的虛壹而靜，被認為是改造稷下的黃老學；〔註58〕其中最值得注意的便是先秦諸子當中在齊學各家中共同的黃老學派，〔註59〕在道家黃老學派中，禮法結合是其學說的普遍特點，荀子便是循著這條路線繼續發展。〔註60〕實際上，根據荀子學說的內容，確實看得出他是一位綜合先秦各家學說的大成者。〔註61〕

　　荀子在融合諸子思想之時也有批判，尤其針對儒家思想重新進行了一番檢討，其相關內容這表現在他著作中的《荀子‧非十二子》。然而荀子對於孔子（西元前551～479）〔註62〕仍是十分推崇的，他對儒家的檢討，幾乎全集中在孟子（西元前390～305）〔註63〕身上。孟子是戰國中期的儒家重鎮，他對荀子的思想有極為關鍵的影響。荀子的性惡說，可以看作是對孟子性善論的一次徹底反省；荀子的隆禮重法，亦是對孟子思想一次務實的革新。趙士林先生說：「我以為，荀子對孟子的否定，與其說是出於理論的是非，毋寧說是現實的需要。」〔註64〕荀子認為「凡論者貴其有辨合，有符驗。」（《荀子‧性惡》），顯示出他對孟子的批評主要就是其思想缺乏辨合、符驗，忽略了對經驗事實的觀察。荀子的「隆禮重法」是因應時代的需要下，對儒家思想的重新詮釋。不過荀子並未因此轉向法家的思想，荀子的學說始終堅守在儒家的立場，他對於人的最終期許是與孔、孟相同的，也就是「做一個道德人」，堅持「人之所以為人」的信仰精神，其以禮、樂、法三者相結合的思想體系與

〔註53〕潘小慧：《從解蔽心看荀子的知識論與方法學》，臺北縣永和市：花木蘭文化出版社，2009，頁51～52。

〔註54〕錢穆：《先秦諸子繫年》，頁618。

〔註55〕錢穆：《先秦諸子繫年》，頁618。

〔註56〕錢穆：《先秦諸子繫年》，頁618。

〔註57〕白奚：《稷下學研究——中國古代的思想與百家爭鳴》，頁276。

〔註58〕胡家聰：《稷下爭鳴與黃老新學》，北京：中國社會科學出版社，1998，頁91～93。

〔註59〕林麗娥：《先秦齊學考》，臺北市：臺灣商務印書館股份有限公司，1992，頁313。

〔註60〕白奚：《稷下學研究——中國古代的思想與百家爭鳴》，頁281。

〔註61〕白奚：《稷下學研究——中國古代的思想與百家爭鳴》，頁274。

〔註62〕錢穆：《先秦諸子繫年》，頁615。

〔註63〕錢穆：《先秦諸子繫年》，頁618。

〔註64〕趙士林：《荀子》，臺北市：東大圖書，1999，頁36。

法家思想有原則性的歧異。

二、韓非子部分

　　對於韓非子之生卒年月，史傳典籍並無明文記載，他處在戰國末年，約在西元前280～233之間〔註65〕，後人稱之為先秦時期最後一位偉大思想家，其傳世之作《韓非子》亦被譽為集法家學術思想之大成者。據《史記》所載，韓非子為韓國之諸公子，姑不論韓非子為何王之子，但從《史記》對韓非子在韓國王室地位之描述「非見韓之削弱，數以書諫王，韓王不能用」而論，顯見韓非子根本難見於韓王安，則應可推論其為不得勢之韓國宗室後裔。〔註66〕據記載，韓非子本為韓國之公子，曾與李斯（西元前280～208）〔註67〕同師荀卿門下，但李斯自認為在學力比不上他。

　　韓非子所處之時代，秦國幾乎成為當時的霸主，而包括韓國在內的其餘六國則日益削弱。韓非子眼見情勢危急，屢次上書韓王安，建議韓王安用其所設計的治國良策，可惜都不被韓王安所採納。於是他乃發憤著書，觀察往昔政治之得失，作〈孤憤〉、〈五蠹〉等篇，共十餘萬言。據《史記》記載，秦王嬴政讀了〈孤憤〉及〈五蠹〉之後，曾表達了他對韓非子的極度賞識。後來，韓非子入秦得見秦王嬴政，韓非子上書勸秦王不必急於攻韓，秦王見其上書後將其奏書交與李斯，徵詢李斯之意見，可惜李斯指韓非子所書飾辭作謀，不可信之。〔註68〕而後，李斯即派人遺毒藥予韓非子，韓非子欲求見秦王以自陳，不得見，乃仰藥自盡。等到秦王悔悟，欲派人去赦免他時，韓非子已死於雲陽監獄（今陝西省淳化縣西北）。〔註69〕韓非子是先秦最後一位哲學

〔註65〕關於韓非子之卒年考，本論文採陳啟天所考生年。陳啟天：《增訂韓非子校釋》，頁928。

〔註66〕「韓非子者，韓之諸公子也。喜刑名法術之學，而其歸本於黃老。非為人口吃，不能道說，而善著書。與李斯俱事荀卿，斯自以為不如非。非見韓之削弱，數以書諫韓王，韓王不能用。」瀧川龜太郎：《史記會注考証》，頁3669～3670。

〔註67〕錢穆：《先秦諸子繫年》，頁620。

〔註68〕「詔以韓客之所上書，書言韓子之未可舉，下臣斯。甚以為不然。秦之有韓，若人之有腹心之病也，虛處則然，若居濕地，著而不去，以極走，則發矣。夫韓雖臣於秦，未嘗不為秦病，今若有卒報之事，韓不可信也。」（《韓非子·存韓篇》）

〔註69〕「秦王悅之，未信用。李斯、姚賈害之，……秦王以為然，下吏治非。李斯使人遺非藥，使自殺。韓非子欲自陳，不得見。秦王後悔之，使人赦之，非已死矣。」瀧川龜太郎：《史記會注考証》，頁547。

家，也是先秦法家的集大成者，諸子的思想，對他都有或重或輕的影響，他的哲學可說是「各家思想交織而成的統合體」〔註70〕。以下便列舉先秦之中與韓非子思想有相關的部分作簡易分析，以便瞭解韓非子的思想特徵。

　　商鞅（西元前390～338）〔註71〕是重法派法家代表。商鞅運用人情趨避及畏懼心理，以達到「以刑去刑」的境界，如《商君書‧賞刑篇》中謂：「重刑連其罪，則民不敢試。民不敢試，故無刑也。夫先王之禁刺殺，斷人之足，黥人之面，非求傷民也，以禁姦止過也。故禁姦止過，莫若重刑。」〔註72〕又商鞅多次申明法是治國之本強調「法」的重要性與「法」的應用原則貫穿其書。申不害（西元前400～337）〔註73〕是重術派法家代表。韓非子對於申不害主張君主不可憑恃自己的耳目心智，而應多方參酌各方面的資訊，有更進一步的闡述：「申子曰：獨視者謂明，獨聽者謂聰。能獨斷者，故可以為天下主。」（《韓非子‧外儲說右上》）韓非子認為若能參驗多方資料，對於資訊來源不被蒙蔽，便可「獨明」、「獨聰」地下判斷，而可獨霸天下。雖韓非子承繼商鞅與申不害的法家思想，但也曾批評商鞅之「法」〔註74〕與申不害之「術」。〔註75〕慎到是重勢派法家代表。慎子說：「賢而屈於不肖者，權輕也；不肖而服於賢者，位尊也。堯為匹夫，不能使其鄰家。至南面而王，則令行禁止。由此觀之，賢不足以服不肖，而勢位足以屈賢矣。」〔註76〕（《慎子‧威德》）韓非子學說中對於勢的看重，多受慎到之影響，並作〈難勢〉為其辯護與修正。

　　此外，其實韓非子原為儒家荀子之門人，可以發覺韓非子之思想觀點有

〔註70〕王邦雄：《韓非子的哲學》，頁30。

〔註71〕錢穆：《先秦諸子繫年》，頁617。

〔註72〕賀凌虛：《商君書今註今譯》，臺北市：臺灣商務印書館，1987，頁135。

〔註73〕錢穆：《先秦諸子繫年》，頁617。

〔註74〕「然而無術以知姦，則以其富強也資人臣而已矣。……故戰勝則大臣尊，益地則私封立，主無術以知姦也。商君雖十飾其法，人臣反用其資。故乘強秦之資，數十年而不至於帝王者，法不勤飾於官，主無術於上之患也。」（《韓非子‧法定》）。

〔註75〕「晉之故法未息，而韓之新法又生；先君之令未收，而後君之令又下。申不害不擅其法，不一其憲令則姦多故。利在故法前令則道之，利在新法後令則道之，利在故新相反，前後相勃。則申不害雖十使昭侯用術，而姦臣猶有所譎其辭矣。故託萬乘之勁韓，七十年而不至於霸王者，雖用術於上，法不勤飾於官之患也。」（《韓非子‧法定》）。

〔註76〕朱友華、梅季、周本述：《商君書 慎子 孫子 吾子譯注》，臺北市：建安出版社，1998，頁136。

與荀子相近的部分，但亦不乏針鋒相對者，這可反映了韓非子由師儒至非儒之思想轉變。儒家荀子以性惡論為出發，強調必須透過外在的禮樂「偽善」之行為來約束本性，該主張仍屬禮治的道德思考範疇；而韓非子任法而治，主張富國強兵的法治，思考路線與荀子有很大的不同。荀子「法後王」之論也被韓非子加以擴充，認為先王後王皆不可法，韓非子之治世思想遂轉向變古求治。如《韓非子》中有〈解老〉、〈喻老〉，不同於老子（西元前 561～467）〔註77〕所說的「道」是整個宇宙一切事物的原則，韓非子所說的「道」是就治國的法術而言。是以，道家老子學說之「道」、「無為」、「因應」、「絕學無憂」、「不尚賢」幾點等，對於法家來說，為名雖同而實多異，其雖有得於老子，但言多淺近，而不及於老子之原意。〔註78〕而墨子（西元前 480～390）〔註79〕對於人性的看法也是以「自私」為基調，並依此作為其「兼愛」理論的根據，並提出「夫愛人者，人必從而愛之；利人者，人必從而利之；惡人者，人必從而惡之；害人者，人必從而害之。」（《墨子‧兼愛中》）表明人性必能感通、感應。而人性必能感通、感應，正是自私心能被轉化或導引的基礎。人的自私心能因感應性而被轉化，才能以「相愛」代替「不相愛」。〔註80〕韓非子就其功利主義的精神，認為凡人皆有自利自為之心，依此主張法術勢兼施之以治，其與墨子對人性之觀察，雖有一部份相同，但其結論卻大相逕庭。

綜合以上，可知韓非子法治思想的主要淵源是來自法家，韓非子對於原本法家的思想融合改造後自成系統，進一步建立了一個法、術、勢三者相結合的思想體系；深究其思想中吸納非法家學說的部分，會覺察韓非子乃是根據其特有之要求而轉化其意涵，並不重視諸家學說的本質精神。

〔註77〕楊家駱：〈老子新考述略‧敘〉，《老子道德經注》，臺北市：世界書局，1956，頁3。

〔註78〕詹哲裕：〈韓非子法學思想體系之探析〉，《復興崗學報》，第 45 期，1991 年6 月，頁 362。

〔註79〕錢穆：《先秦諸子繫年》，頁 616。

〔註80〕王讚源：《墨子》，臺北市：東大圖書公司，1996，頁 193～196。

第二章　荀子的人性論

第一節　性惡的論證

要瞭解荀子的人性論，必須從《荀子·性惡》開始，其中關於性惡中的相關論證摘列八大段分述如下：

《荀子·性惡》的論證一：

> 今人之性，生而有好利焉，順是，故爭奪生而辭讓亡焉；生而有疾惡焉，順是，故殘賊生而忠信亡焉；生而有耳目之欲，有好聲色焉，順是，故淫亂生而禮義文理亡焉。然則從人之性，順人之情，必出於爭奪，合於犯分亂理，而歸於暴。故必將有師法之化，禮義之道，然後出於辭讓，合於文理，而歸於治。用此觀之，人之性惡明矣，其善者偽也。

從這裡可以看出來，荀子認為「人之性」會自然而然的表現出「欲」，若是人人順從欲望的追尋而無所節制（順是），自然而然會造成爭奪。與《荀子·王霸》中提到「目欲綦色，耳欲綦聲，口欲綦味，鼻欲綦臭，心欲綦佚。此五綦者，人情之所必不免也」（楊倞注：「綦者，極也。」），[註1] 以此觀之，荀子所謂「性惡」，所指應是人的欲望無所節制所產生的結果論斷的。

《荀子·性惡》的論證二：

> 故枸木必將待檃栝、烝矯然後直；鈍金必將待礱厲然後利；今人之

〔註1〕王先謙：《荀子集解》，北京：中華書局，1996，頁211。

性惡，必將待師法然後正，得禮義然後治，今人無師法，則偏險而
不正；無禮義，則悖亂而不治，古者聖王以人性惡，以為偏險而不
正，悖亂而不治，是以為之起禮義，制法度，以矯飾人之情性而正
之，以擾化人之情性而導之也，始皆出於治，合於道者也。今人之
化師法，積文學，道禮義者為君子；縱性情，安恣孳，而違禮義者
為小人。用此觀之，人之性惡明矣，其善者偽也。

這一段所提到的部分，唐君毅先生認為是以「君子之善，方見小人之不善」，
這是一種對照關係。就如同《荀子・不苟》中提到的「君子，小人之反也」一
樣，小人之所以為小人，在縱性情。〔註2〕這個論證其實與第一論證的基調相
近，都是著墨在「順情性為惡」，顯示荀子以「惡」反對「順性情」此一行為。
並以「化師法，積文學」和「縱性情，安恣孳」此兩關鍵行為來分辨君子與小
人，強烈表示君子並非天生自然，而需刻意的「積」和「化」。

《荀子・性惡》的論證三：

今人之性，飢而欲飽，寒而欲煖，勞而欲休，此人之情性也。今人
見長而不敢先食者，將有所讓也；勞而不敢求息者，將有所代也。
夫子之讓乎父，弟之讓乎兄，子之代乎父，弟之代乎兄，此二行者，
皆反於性而悖於情也；然而孝子之道，禮義之文理也。故順情性則
不辭讓矣，辭讓則悖於情性矣。用此觀之，人之性惡明矣，其善者
偽也。

「飢而欲飽，寒而欲煖，勞而欲休」乃是順人的情性而為的。但是，荀子指出
對自己的父兄願意謙讓和代勞，明顯的「皆反於性而悖於情也」。將對父兄的
謙讓和代勞歸為禮義之道，所以可知順人的情性乃是「非禮義」，就是「惡」。

《荀子・性惡》的論證四：

凡人之欲為善者，為性惡也。夫薄願厚，惡願美，狹願廣，貧願富，
賤願貴，苟無之中者，必求於外。故富而不願財，貴而不願勢，苟
有之中者，必不及於外。用此觀之，人之欲為善者，為性惡也。今
人之性，固無禮義，故彊學而求有之也；性不知禮義，故思慮而求
知之也。然則性而已，則人無禮義，不知禮義。人無禮義則亂，不
知禮義則悖。然則性而已，則悖亂在己。用此觀之，人之性惡明矣，
其善者偽也。

〔註 2〕唐君毅：《中國哲學原論・原性篇》，香港：新亞書院研究所，1968，頁 50。

荀子在此段是用「人之欲為善」反證之，他提出了「薄願厚，惡願美，狹願廣，貧願富，賤願貴」這五種說法。這五種說法都是以人的欲求為例，但是欲求何時能停止呢？依荀子所言：「苟無之中者，必求於外」，又言「苟有之中者，必不及於外」。顯示這五種說法都是明顯以人的生活經驗論述，每個人對於生活都有美好的期待，只是，人的欲望界線是很難預期的，就如《荀子·榮辱》曾提到：

> 人之情，食欲有芻豢，衣欲有文繡，行欲有輿馬，又欲夫餘財蓄積之富也；然而窮年累世不知不足，是人之情也。

廖明春解釋這一段為「『芻豢』這樣精緻的食品，『文繡』這樣華麗的服飾、『輿馬』這樣舒適的交通工具，並不能使人們的欲望得到完全滿足。有了這樣的享受，還盼望著更多積蓄財富，就是到死也不滿足。人的欲望的這種貪婪性，荀子認為是一種生理需要，是必然的」，明確指出荀的觀察中，覺察人欲望具有「不知足」的特點。〔註3〕荀子認為人的欲望具有「不知足」的此一特質，就淵源於每個人在欲望達到滿足的認定標準並不一致。

《荀子·性惡》的論證五：

> 孟子曰：人之性善。曰：是不然。凡古今天下之所謂善者，正理平治也；所謂惡者，偏險悖亂也：是善惡之分也矣。今誠以人之性固正理平治邪，則有惡用聖王，惡用禮義哉？雖有聖王禮義，將曷加於正理平治也哉？今不然，人之性惡。故古者聖人以人之性惡，以為偏險而不正，悖亂而不治，故為之立君上之埶以臨之，明禮義以化之，起法正以治之，重刑罰以禁之，使天下皆出於治，合於善也。是聖王之治而禮義之化也。今當試去君上之埶，無禮義之化，去法正之治，無刑罰之禁，倚而觀天下民人之相與也。若是，則夫彊者害弱而奪之，眾者暴寡而譁之，天下悖亂而相亡，不待頃矣。用此觀之，然則人之性惡明矣，其善者偽也。

荀子認為若依照孟子所言人之「性善」，表示天下已達到「正理平治」的狀態，那就根本不需要聖王和禮義。可是事實上，順人之「性」無節制的發展，社會出現了「偏險悖亂」，才需要聖王和禮義。荀子特別強調「今當試去君上之埶」（當，借為嘗），〔註4〕天下則「無禮義之化，去法正之治，無刑罰之禁」，會

〔註3〕廖名春：《荀子新探》，頁255。
〔註4〕王忠林：《新譯荀子讀本》，頁352。

導致「天下悖亂而相亡，不待頃矣」。此一部分可視為〈性惡〉中最強的論證，因為其立論基礎在於社會若處於「無禮義之化，去法正之治，無刑罰之禁」，加之「去君上之埶」，就會「彊者害弱而奪之，眾者暴寡而譁之」，那社會秩序的紛亂是可想而知的。也和上一段論證中，荀子提到「今人之性，固無禮義，故彊學而求有之也」，想從「惡」（社會的「偏險悖亂」）到「善」（社會的「正理平治」）而追求美好的生活，就必須刻意追求禮義的說法一致。

《荀子‧性惡》的論證六：

> 故善言古者，必有節於今；善言天者，必有徵於人。凡論者貴其有辨合，有符驗。故坐而言之，起而可設，張而可施行。今孟子曰：「人之性善。」無辨合符驗，坐而言之，起而不可設，張而不可施行，豈不過甚矣哉！故性善則去聖王，息禮義矣。性惡則與聖王，貴禮義矣。故櫽栝之生，為枸木也；繩墨之起，為不直也；立君上，明禮義，為性惡也。用此觀之，然則人之性惡明矣，其善者偽也。

荀子提出過「聞不如見」的看法，所以他認為任何論說必須有「符驗」，便以聖王和禮義的事實存在來證實「性惡」，此段依舊是以實際觀察做為立論依據，基本上和論證五的內容相近。

《荀子‧性惡》的論證七：

> 直木不待櫽栝而直者，其性直也。枸木必將待櫽栝烝矯然後直者，以其性不直也。今人之性惡，必將待聖王之治，禮義之化，然後始出於治，合於善也。用此觀之，人之性惡明矣，其善者偽也。

這一段提到的是人須靠外在的「聖王之治，禮義之化」，才能在呈現出「出於治，合於善也」，和論證五和六的意義也是接近的。

此外，荀子還反對孟子的性善論。荀子以為孟子的錯誤在於對於人性未能充分理解（「是不及知人之性」），其根源又在於孟子未能區分「性」和「偽」之不同（「不察乎人之性偽之分者也」）。所謂「性偽之分」可在《荀子‧性惡》中找到相關說明，此為論證八：

> 凡性者，天之就也，不可學，不可事。禮義者，聖人之所生也，人之所學而能，所事而成者也。不可學、不可事而在人者，謂之性；可學而能、可事而成之在人者，謂之偽，是性、偽之分也。

例如「目明而耳聰」之類的就是不可學、不可事者，故為「性」。但是像孟子「今人之性善，將皆失喪其性故也」（《荀子‧性惡》）的說法就很有問題，

一出生的善性就必須離開人，人就喪失了此善，這樣還能是「性」嗎？所以，荀子堅決主張「人之性惡明矣」。

　　以上可得出「順情欲導生流弊」（論證一）、「由『性偽之分』指出孟子性善論之誤」（論證八）、「人之欲為善」（論證四）、「禮義、法正、刑罰的存在」（論證二、三、五、七）及「孟子性善論缺乏符驗」（論證六）五方面來論證「性惡」，其中潘小慧認為最具代表性的是「順情欲導生流弊」。〔註5〕那麼就是指「欲」是惡嗎？但是對比《荀子・正名》提到：

> 有欲無欲，異類也，生死也，非治亂也。欲之多寡，異類也，情之數也，非治亂也。……心之所可中理，則欲雖多，奚傷於治？欲不及而動過之，心使之也。心之所可失理，則欲雖寡，奚止於亂？

荀子已經明確指出「欲」乃是斷定人「生死」的一個標準，人生時必有欲，人死時必無欲；所以「欲」無關「治」、「亂」。如果「欲」無關「治」、「亂」，那麼就絕對無關「善」、「惡」。所以如果將「性」、「情」、「欲」在概念上視為同一，然後直接把「以欲為性」和「惡」直接連接，顯然違背荀子的本意，所以釐清性、情、欲的關係將會是理解性惡論的關鍵，也是本文的下一段重點。

　　這裡還要注意的是，以「順情欲導生流弊」、「人之欲為善」、「禮義、法正、刑罰的存在」及「孟子性善論缺乏符驗」此四方面來論證「性惡」，明顯帶著審視現實的觀察，尤以「孟子性善論缺乏符驗」此點突顯出荀子透過「經驗」來驗證的人性論基石。唯有「由『性偽之分』指出孟子性善論之誤」此點有替「性、偽」分別下定義再做比較的明顯意圖。王邦雄曾說他認為中國哲學之基源問題，皆在人性論。〔註6〕以《荀子・性惡》中的論述大多是以「禮義」為核心來論性惡，荀子的基源問題也可能是「群」的安定問題，只是論「群」的問題必會推演論及「人性」的問題，所以對於王邦雄的說法或可再多斟酌。

〔註5〕關於「性惡」的五種論證方式及其內容分析引述自潘小慧：〈荀子言性惡，善如何可能？〉，《儒家倫理學與士林哲學》，臺北市：至潔有限公司，2021，頁237～241。

〔註6〕「如孔孟之重德教仁政，老莊之重道化無為，墨子之主尚同兼愛，荀子之主禮義師法，以至商韓治之以法，慎到任之以勢，申不害制之以術；凡此政治思想之形成，皆由其人性論之基源而來。」王邦雄：《韓非子的哲學》，頁4。

第二節　性惡的意義

一、性的意義

　　首先，從「性」的字本義來探究，從文字的發展歷程來看，「性」是會意字，乃是由「生」和「心」組合而成。也就是說性這個字是由兩個關係緊密的象形文字結合而成的，其基本字義仍為生長，如張立文說：「由於人們觀察事物的視野逐漸擴大，生被用來表示各種事物的產生和成長，如人和動物的降生、各種事物的出現以及事物現象的顯露等等。事物的特性是隨著事物的產生出現的，並且只存在於該事物發展過程本身，與該事物的生滅相始終。」〔註7〕性這個字的概念是從生這個字衍生而來的觀點來檢視，可以發現這裡已經展現出人有某種意識，認為人或物的內在本性乃是與生俱來的。在《說文解字注》中，解釋「性」這個字的時候提到說：「性，人之陽氣，性善者也。從心生聲。」〔註8〕說明人體的產生，不僅是軀體的形成，更重要的是心的出現。甲骨文和金文的心字皆像人和心臟動物之形。心既表示人的心臟，又表示人的心理、意識和精神。人之所以為人，在於他是萬物之靈，具有動物所沒有的思維能力和思想精神。對於人的內在本性的認識，主要不是考察人的形體器官，而是考察人的心理、意識和精神。心為身之本，就在於心理、意識和精神是人之所以為人的根本。因此，認識人性，重要的是認識人心。人性與人心緊密相連，這種思路導出了「性」字。性字從心從生，首見於晚周典籍。〔註9〕

　　荀子對於許多名詞界定的內涵大多收錄在《荀子·正名》當中，所以對於「性」的意義，應該以《荀子·正名》為主。在其中有一段對「性」的定義詳列如下：

> 散名之在人者：生之所以然者謂之性；性之和所生，精合感應，不事而自然謂之性。性之好、惡、喜、怒、哀、樂謂之情。情然而心為之擇謂之慮。心慮而能為之動謂之偽；慮積焉，能習焉，而後成謂之偽。正利而為謂之事。正義而為謂之行。所以知之在

〔註7〕張立文：《性》，北京：中國人民大學出版社，1996，頁18～19。
〔註8〕（漢）許慎撰，（清）段玉裁注，王進祥注音：《說文解字注》，臺北市：鼎淵文化事業有限公司，2003，頁502。
〔註9〕張立文：《性》，頁19。

人者謂之知；知有所合謂之智。所以能之在人者謂之能；能有所
合謂之能。性傷謂之病。節遇謂之命：是散名之在人者也，是後
王之成名也。

　　唐代的楊倞在注釋「生之所以然者謂之性」這一句當中的性字，和「性
之和所生，精合感應，不事而自然謂之性」的性字有些許不同。「生之所以
然者謂之性」被注解為「人生善惡，故有必然之理，是所受於天之性也。」
〔註10〕；楊氏在注解「性之和所生，精合感應，不事而自然謂之性」則提到：
「和，陰陽沖和氣也。事，任使也。言人之性，和氣所生，精合感應，不使而
自然。言其天性如此也。精和，謂若耳目之精靈語見聞之物和也。感應，謂外
物感心而來應也。」〔註11〕楊倞先是把性和天做了連結，接著又把性視為陰
陽之氣互相沖和所產生的產物。這樣的注解的靈感可能來自於《荀子・天論》，
因為其中提到陰陽的部分有三段，詳列如下：

　　列星隨旋，日月遞炤，四時代御，陰陽大化，風雨博施，萬物各得
　　其和以生，各得其養以成，不見其事，而見其功，夫是之謂神。

　　所志於陰陽者，已其見和之可以治者矣。官人守天，而自為守道也。

　　星隊木鳴，國人皆恐。曰：是何也？曰：無何也！是天地之變，陰
　　陽之化，物之罕至者也。

但是仔細看《荀子・天論》中所提到的「陰」、「陽」，便可知指的乃是自然現
象，其中並沒有哲學意義，這和楊倞所提到的陰陽沖合之氣的論調並不相同；
再者，將人之性受於天之性的說法，也和《荀子・天論》中的自然天的定義相
悖。所以，楊倞也許在注解《荀子》時，將陰陽賦予了哲學意涵，所以對性的
定義便出現這樣的連結。此一說法有待商榷。不過其中「精和，謂若耳目之
精靈語見聞之物和也。感應，謂外物感心而來應也。」的說法則提到，性乃是
人生理上的官能（耳、目）的部分，此則和《荀子》中相關字句的意涵有相符
之處。〔註12〕

　　清代王先謙認為，「性之和所生」中的「性」乃是「生」的誤寫，他說：

〔註10〕王先謙：《荀子集解》，頁412。
〔註11〕王先謙：《荀子集解》，頁412。
〔註12〕《荀子・天論》：「天職既立，天功既成，形具而神生，好惡喜怒哀樂臧焉，
　　　　夫是之謂天情。耳目鼻口形能各有接而不相能也，夫是之謂天官。心居中虛，
　　　　以治五官，夫是之謂天君。」

「性之和所生」當作「生之和所生」。此「生」字與上「生之」同，亦謂人生也。兩謂之性，相儷。「生之所以然者謂之性」，「『生之』不事而自然者謂之性」，文義甚明。若云「『性之』不事而自然者謂之性」，則不詞矣。此傳寫者緣下文「性之」而誤，注「人之性」，「性」當為「生」，亦後人以意改之。〔註13〕

王先謙的說法並非毫無根據的，甚至可以說確實有論據可支持此一說法。因為在先秦時期，「生」和「性」是通用的，都寫做「生」。另一方面，「以生釋性」乃是孟子當時或以前所流行的訓釋。〔註14〕其中「相儷」一詞乃是成對、平行的意思。但是將全文細看之後，此一說法也是有疑慮。《荀子・正名》中所言「情然而心為之擇謂之慮」中的「情」，乃是指上文「性之好、惡、喜、怒、哀、樂謂之情」中的「情」；同理，「心慮而能為之動謂之偽」的「慮」，也是指上文「情然而心為之擇謂之慮」的「慮」。若根據王氏的說法，下文中「性之好、惡、喜、怒、哀、樂謂之情」的性指的乃是包含「生之所以然者謂之性」的性，而非單指「性之和所生，精合感應，不事而自然謂之性」的性。這樣反倒是使前後文結構不連貫，所以「性之和所生」中的「性」仍就維持原字，不必改為「生」字。

梁啟雄先生在其著作中，注解第一句「生之所以然者謂之性」時說：「此性字指天賦的本質，生理學上的性。」下一句的前半「性之和所生，精合感應」注解為：「精合、指精神和事物相接。感應、指事物感人而人接應它。」〔註15〕；後半「不事而自然謂之性。」中的性則注解為：「這性字指天賦的本能，心理學上的性。」〔註16〕依梁氏的說法，荀子將性的意義分開為兩層來解釋，分為「生理的性」和「心理的性」。其實荀子在《荀子・正名》中確實有指出，同名所指的意涵不一定相同的概念。如「心慮而能為之動謂之偽；慮積焉，能習焉，而後成謂之偽」中的「偽」；和「所以能之在人者謂之能；能有所合謂之能」中的「能」，均各自有兩層意義的說明。所以說若是假定荀子把「性」分為兩層說明，以此段文章的結構來說，確實有此可能。其實荀子確實將性分兩層意義說明，與上一部份探究性的內容時，覺察其內容也有兩

〔註13〕王先謙：《荀子集解》，頁412。
〔註14〕傅斯年：《性命古訓辯證》，桂林：廣西師範大學出版社，2006，頁59～67。
〔註15〕梁啟雄：《荀子簡釋》，頁309。
〔註16〕梁啟雄：《荀子簡釋》，頁309～310。

層範圍是一致的。

　　徐復觀先生認為「生之所以然者謂之性」中的「生之所以然」，乃是「求生的根據，這是從生理現象推進一層的說法。」〔註17〕徐氏認為是把生理現象推進一層到天，所以徐氏在書中還提到荀子所說的人性即應通於天道，此一論述與楊倞相近，但是與荀子的原意相去甚遠。徐氏解釋「性之和所生，精合感應，不事而自然謂之性」中認為性的主要意義界定為「與外物相合（精合），外物接觸（感）於官能所引起的官能反應（應）」。〔註18〕徐復觀認為荀子的思想是純經驗的性格，所以荀子不著重在「生之所以然」這一層上論性，而把荀子人性論的主體，強調以「饑欲食，及目辨色等，都是不必經過人為的構想，而自然如此（不事而自然），這也謂之性，這是下一層次的，也就是在經驗中直接能把握得到的性。」。〔註19〕也就說徐復觀認為荀子的「性」雖有兩層意義，但是其性論學說是以討論感官與外物二者交互作用的結果的這一層當中，此說法值得參考。但是，另一層將荀子所言的性與孔子的「性與天道」；抑或是與孟子「盡其心者知其性也」的性放在同一層次，〔註20〕此一說法則有再斟酌的必要。

　　由以上資料可知，荀子對於「性」的意指範圍略廣，深入理解前，必須對「性的內容」、「性情欲的關係」先做細部梳理，才能順利探究荀子人性論所衍伸的視域。

二、性的內容

　　其實《荀子》中討論「性」的概念時有透過觀察情、欲來輔助解釋，所以必須釐清《荀子》中「性」概念的泛指內容，才能進一步理解《荀子》中「性」概念的真正意義。除了《荀子·正名》以外，在其他篇章也有提到性的內容。例如《荀子·禮論》中提到：

> 故曰：性者、本始材朴也；偽者、文理隆盛也。無性則偽之無所加，
> 無偽則性不能自美。

王先謙注此句中的「性」，云：「郝懿行曰：『朴』，當為『樸』。樸者，素也。

〔註17〕徐復觀：《中國人性論史·先秦篇》，頁232。
〔註18〕徐復觀：《中國人性論史·先秦篇》，頁233。
〔註19〕徐復觀：《中國人性論史·先秦篇》，頁233。
〔註20〕王先謙：《荀子集解》，頁232。

言性本質素」〔註 21〕，所以荀子認為性乃是天生自然、生就如此之質樸者，有「自然義」、「生就義」、「質樸義」。〔註 22〕這不只和《荀子・正名》提到的「不事而自然謂之性」的說法相合，進一步提出人為的加工就是禮的文飾，也與《荀子》中的思想為一致。

《荀子・性惡》中提到有關性的內容：

> 凡性者，天之就也，不可學，不可事。……不可學，不可事，而在
> 人者，謂之性；……。今人之性，目可以見，耳可以聽；夫可以見
> 之明不離目，可以聽之聰不離耳，目明而耳聰，不可學明矣。

這裡可以看出，荀子所說的「凡性者，天之就也」指的乃是官能的能力。和《荀子・榮辱》中的「目辨黑白美惡，耳辨音聲清濁，口辨酸鹹甘苦，鼻辨芬芳腥臊，骨體膚理辨寒暑疾養」中所言為同一事；更和《荀子・天論》中提到的天官（耳、目、鼻、口、形能）彼此相呼應。所以，可以確定荀子對於性的看法，顯然的確含有官能本身與其能力的意義在內。

《荀子・性惡》中也有另一部分提到有關性的內容：

> 今人之性，生而有好利焉，順是，故爭奪生而辭讓亡焉；生而有疾
> 惡焉，順是，故殘賊生而忠信亡焉；生而有耳目之欲，有好聲色焉，
> 順是，故淫亂生而禮義文理亡焉。

在《荀子・正名》中，好惡乃是情的內容；而在這裡稱為性。而《荀子・正名》中提到，「性者、天之就也；情者、性之質也」，所以在荀子眼中，性以情為質（本質或實質），所以這裡所言的好惡為性，實際上也就是《荀子・正名》中的說法一樣。綜觀《荀子》之中，時常將「情性」二字並稱使用，如《荀子・性惡》的「夫好利而欲得者，此人之情性也」及「若夫目好色，耳好聽，口好味，心好利，骨體膚理好愉佚，是皆生於人之情性者也」等，便是如此。

而其中「生而有耳目之欲，有好聲色焉」所指的「以欲為性」，乃是荀子學說中的特色。〔註 23〕因為《荀子・正名》中提到「欲者、情之應也」和耳目之欲而有好聲色，如同《荀子・榮辱》中的「飢而欲食，寒而欲煖，勞而欲息，好利而惡害」一般，所指的乃是「欲」的部分。而性又以情為質，所以在荀子的性論中，「欲」在某種程度上，可算是「性」的內容。綜合各家學者的

〔註 21〕王先謙：《荀子集解》，頁 366。

〔註 22〕牟宗三：《才性與玄理》，臺北市：學生書局，1979，頁 2～3。

〔註 23〕徐復觀：《中國人性論史・先秦篇》，頁 234。

解釋，可綜合出荀子對性的內容泛指確實有兩個層面：

（一）第一層「生之所以然者謂之性」指的應該是「人生理上的官能及其能力」，這點乃是「本始材朴」，而且為「天之就也，不可學，不可事」。

（二）第二層「性之和所生，精合感應，不事而自然謂之性」指的應該是「官能的欲望」，依荀子提到的「情者、性之質也；欲者、情之應也」，可以知道「欲」乃是人的官能與外物接觸的反應，也是「性」的內容之一。

三、性、情、欲的關係

關於「性」、「情」二字，《荀子》針對其內容的說明時或有重複或雷同的現象，「情性」二字連用的現象也不少。可見在荀子的論說中，「性」、「情」互有聯繫的關係已經不言而喻。而《荀子·正名》中提到「性者、天之就也；情者、性之質也；欲者、情之應也」的說法，也讓人注意到「性」、「情」、「欲」彼此之間的關係似乎有著環環相扣的緊密。所以深入探究《荀子》中「性」、「情」、「欲」三者關係的理解，必然能更透徹荀子的人性論的精髓。

想知道「情」究竟是什麼，先從《荀子·正名》中的這兩段來看：

> 性之好、惡、喜、怒、哀、樂謂之情。情然而心為之擇謂之慮。心慮而能為之動謂之偽。

> 性者、天之就也；情者、性之質也；欲者、情之應也。

這兩段裡面提到的是「情」的界定和內容。徐復觀認為可和《荀子·榮辱》中內容對照來看，《荀子·榮辱》中提到：

> 凡人有所一同：飢而欲食，寒而欲煖，勞而欲息，好利而惡害，是人之所生而有也，是無待而然者也，是禹桀之所同也。目辨黑白美惡，耳辨音聲清濁，口辨酸鹹甘苦，鼻辨芬芳腥臊，骨體膚理辨寒暑疾養，是又人之所常生而有也，是無待而然者也，是禹桀之所同也。……湯武存，則天下從而治，桀紂存，則天下從而亂。如是者，豈非人之情，固可與如此，可與如彼也哉！

徐氏說：「荀子雖然對『性』與『情』分別下定義，而全書常將情性二字互用。且『生而有』、『無待而然』，正是『性者天之就也』（《荀子·正名》）的另一說法，所以這一段話，實際是對性的內容的規定」〔註24〕，又說：「在先秦，情

〔註24〕徐復觀：《中國人性論史·先秦篇》，臺北市：臺灣商務印書館，1978，頁230。

與性，是同質而常常可以互用的兩個名詞。在當時一般的說法，性與情，好像一株樹生長的部位，根的地方是性，由根生長上去的枝幹是情；部位不同，而本質則一。」〔註25〕

《荀子‧正名》中所提到的這兩段中所討論的性，就是指「人生理上的官能及其能力」（下文所言之「性」，均是此義）。若依此觀點來看，徐復觀的說法有值得參考之處，因為荀子在《荀子‧正名》中對「性」、「情」分別下定義的內容來看，「性」、「情」在現實中乃是二事，而且「情」是以「性」為基礎，這一點是無誤的。可以想見的，人要有眼睛才能看到顏色，才有可能對顏色起好惡。起好惡就是情的內容。所以，「情」必須以「性」的經驗為基礎。但是，「性」可以不發展到「情」，就還是維持在「性」。這和根能長出枝幹的聯繫不同，若根無法長出枝幹就是無法稱為根，就沒有根的價值（根與枝幹是相對關係）；但是「性」就算無法發展到「情」，「性」還是「性」，無損其價值。

再者，因為荀子說其中「性者、天之就也；情者、性之質也：欲者、情之應也」，這句話把「情」界定為「性」的本質（或實質）。所以有學者認為「情」被包含於「性」之中，如廖名春說：「『性』的表現為『情』，『情』又是『性』的實質內容之一，可見，『情』屬於『性』，是性的一個子概念」〔註26〕。這種說法也是值得再討論，因為在概念形成的範圍內，應該是「情」複雜於「性」，因為「情」包含著兩個元素：「性」和外物。這二者不可缺一，否則無法有交互作用。所以，若將廖名春先生所言的「『情』又是『性』的實質內容之一」改成「『情』是『性』的實質呈現」，這樣的說法應該會更為恰當。這並不意味著「性」被包含在「情」之內，也不能說「性」等同「情」。只能說在概念的形成上，「情」的概念的組成元素包含「性」的概念；假設說沒有「性」的概念，何以生「情」的概念？也就是說必須以「性」的內容為基石，再加上與外物的交互作用才得以呈現「情」的內容。

荀子已明確的把「情」立足於「性」來解釋，便常以「情」、「性」並稱。所以《荀子》中此種用法在許多篇章可找到。而且已經顯然把「情」和「性」當作一事（「情性」）來討論，也有些隱含如何用人為的禮來文飾「情性」。比方說《荀子‧性惡》提到：

〔註25〕徐復觀：《中國人性論史‧先秦篇》，頁233。
〔註26〕廖名春：《荀子新探》，頁122。

以矯飾人之情性而正之，以擾化人之情性而導之也。

今人之性，飢而欲飽，寒而欲煖，勞而欲休，此人之情性也。

故順情性則不辭讓矣，辭讓則悖於情性矣。

又《荀子‧禮論》提到：

故人一之於禮義，則兩得之矣；一之於情性，則兩喪之矣。

《荀子‧儒效》也提到：

行法至堅，好脩正其所聞，以橋飾其情性。

縱情性而不足問學，則為小人矣。

行忍情性，然後能脩。

所以，《荀子‧正名》說的「性者、天之就也；情者、性之質也」。以實際觀察到的現象來說，「目明而耳聰」和「性之好、惡、喜、怒、哀、樂謂之情」，絕對是不同的。所以「性」和「情」在實際上乃是兩種不同東西，前者為後者提供經驗做為基礎；但就概念形成上來說，「情」又是「性」的實質呈現，此二者其實乃是一事，這點是毫無疑問的。荀子把「情」、「性」在人的現實經驗中分做二，在概念的實質上視為一事，並不相衝突。這也能解釋「性」、「情」在《荀子》中有分別的定義，又在其內容範圍卻時有重複。

同理，《荀子‧正名》中提到「欲者、情之應也」，也是確立了荀子在「欲」的概念組成的元素中有「情」。而「情」概念組成的元素中又有「性」。所以，「性」、「情」、「欲」在《荀子‧正名》中已經很清楚的說明其概念上有其清晰的脈絡。那「欲」是什麼呢？《荀子‧正名》中提到：

性者、天之就也；情者、性之質也；欲者、情之應也。以所欲為可得而求之，情之所必不免也。以為可而道之，知所必出也。故雖為守門，欲不可去，性之具也。雖為天子，欲不可盡。欲雖不可盡，可以近盡也。欲雖不可去，求可節也。所欲雖不可盡，求者猶近盡；欲雖不可去，所求不得，慮者欲節求也。道者、進則近盡，退則節求，天下莫之若也。

其中這一段「性者、天之就也；情者、性之質也；欲者、情之應也。以所欲為可得而求之，情之所必不免也。」，楊倞注說：「性者成於天之自然，情者性之質體，欲又情之所應，所以人必不免於有欲也」。〔註27〕羅光先生也說：「眼能見、耳能聽也是能，也稱為性，因為是屬於性。但是感官之能和喜怒

〔註27〕王先謙：《荀子集解》，頁 428。

好惡能常合在一起，一有感覺就有情。有了情，人的官能，就起反應，就動，便是欲；欲是想執行情的趨向」。〔註28〕羅光先生把「欲」定義為「有了情，人的官能，就起反應，就動」，其中的「動」乃指行動，行動是外顯的，就容易被直接觀察到。荀子可能以為「情」是主觀的認定，客觀上比較不易察覺和斷定，就好比「一有感覺就有情」的部分，除了主體本身能百分之百確定並顯露出來或說出來，其他人難以直接判斷這個部分，所以說「情」是內在的；如果賦予「欲」的意義中有「動」的意念，那就表示出羅光先生認為將「情」由內推而外的具體展現就是「欲」，所以「欲」是外在的。如果「欲」、「情」乃是互為表裡的關係，而「情」的概念又立足於「性」；荀子已在本段開頭言「性」乃「天之就也」，那麼「欲不可去，性之具也」的意義也就不難理解了。

所以，在《荀子》當中，可見「性」、「欲」的對應關係，如《荀子・榮辱》提到：

> 飢而欲食，寒而欲煖，勞而欲息，好利而惡害，是人之所生而有也，是無待而然者也，是禹桀之所同也。

《荀子・王霸》中提到：

> 夫人之情，目欲綦色，耳欲綦聲，口欲綦味，鼻欲綦臭，心欲綦佚。此五綦者，人情之所必不免也。
>
> 口好味，而臭味莫美焉；耳好聲，而聲樂莫大焉；目好色，而文章致繁，婦女莫眾焉；形體好佚，而安重閒靜莫愉焉；心好利，而穀祿莫厚焉。

由上可知，荀子所謂的「欲」，乃是人要滿足自己天生的感官所好的聲色味。所以羅光先生說：「荀子以欲為性所有的，因為情為性的質體，欲為情的天然反應。」〔註29〕

所以有學者認為荀子是以「以欲為性」，如蔡仁厚先生說：「事實上，荀子亦正是把『性、情、欲』三者看做是同質同層的。」〔註30〕而且蔡仁厚先生又認為荀子所言的「性」的內容只能算是生物生命的內容，他說：「在這裡，只能見到『人之所以為動物』的自然生命之徵象，而不能見到『人之所以為

〔註28〕羅光：《羅光全書》，六冊，《中國哲學思想史・先秦篇》，頁636。
〔註29〕羅光：《羅光全書》，六冊，《中國哲學思想史・先秦篇》，頁637。
〔註30〕蔡仁厚：《孔孟荀哲學》，臺北市：臺灣學生書局，1984，頁390。

人』的道德價值之內涵。」〔註31〕荀子確實有將「性、情、欲」在概念的本質上視為同質同層的，而蔡仁厚先生又認為荀子所言的「性」的內容只能算是生物生命的內容，這點也是正確的。

　　羅光先生所言的「欲」，乃有動的意義，那麼就顯示出「欲」是最容易觀察和討論的。這和荀子的思想中，處處以經驗（見、聞）為主要論述基礎的思考方式不謀而合。此一觀點可見《荀子·儒效》：

> 不聞，不若聞之，聞之不若見之；見之不若知之，知之不若行之；
> 學至於行之而止矣。……不聞不見，則雖當，非仁也。其道百舉而
> 百陷也。

依此，徐復觀先生認為「荀子的論據，皆立足感官所能經驗得到的範圍之內。甚至推崇荀子提出聞不如見的觀點，比起孔子是向經驗界更精密、更徹底的進展。〔註32〕

　　「性」、「情」、「欲」在概念上的順序，是「欲」立足於「情」，而「情」又立足於「性」。這和現實上，想要觀察出「性」、「情」、「欲」的容易程度來說，是「欲」大於「情」，而「情」又大於「性」，或許有相關。所以荀子對「性」的意義才會出現第二層（「官能的欲望」）。或者可以設定荀子是在以實際經驗中觀察到「欲」之後，來推論出「欲者、情之應也」和「情」的關係；再推論到「情者、性之質也」和「性」的關係；最後推論到「性者、天之就也」的起點。因為是倒推論回去，所以「欲」和「情」才會在《荀子》中，常被當作「性」的內容。這乃是荀子將「性、情、欲」三者在概念上可視為同一來討論的真義。在荀子的學說中，「以欲為性」的說法是可以被接受的，只是應該要注意，切莫將「性、情、欲」視為完全等同。

四、性惡：性之中缺乏禮義

　　上一部分，已經將《荀子》中的「性」，界定的範圍和內容作了討論。那麼接著檢視在《荀子》中提到的「惡」究竟是什麼意義。《荀子·性惡》中提到：

> 凡古今天下之所謂善者，正理平治也；所謂惡者，偏險悖亂也：是
> 善惡之分也矣。

〔註31〕蔡仁厚：《孔孟荀哲學》，頁390。
〔註32〕徐復觀：《中國人性論史·先秦篇》，頁224～225。

其中，荀子已經提出「善」是「正理平治」；「惡」是「偏險悖亂」。所以，「善」和「治」；「惡」和「亂」，乃是相對的概念。在《荀子・不苟》中有提到如何界定「治」和「亂」：

> 禮義之謂治，非禮義之謂亂也。

這裡看出了荀子所言的「治」和「亂」，就是「禮義」和「非禮義」。那麼「禮義」和「非禮義」的狀態若分別在人的身上顯現出來會是如何呢？我們可以在《荀子・性惡》中看到這一段：

> 今人之化師法，積文學，道禮義者為君子；縱性情，安恣睢，而違禮義者為小人。

三段綜合來看，「禮義」和「非禮義」在人身上的狀態就是「君子」和「小人」。「小人」在《荀子》中若單指個人的行為並非特指犯罪者，是一種順於本性的人格特質：

> 言無常信，行無常貞，唯利所在，無所不傾，若是則可謂小人矣。
> （《荀子・不苟》）

> 多言無法，而流湎然，雖辯，小人也。（《荀子・非十二子》）

> 君子樂得其道，小人樂得其欲。（《荀子・樂論》）

但是在社會中，若在上位者乃是順於本性生活的小人又會如何呢？在（《荀子・仲尼》中就評論春秋五霸乃是「小人之傑」：

> 然而仲尼之門，五尺之豎子，言羞稱五伯，是何也？曰：然！彼非本政教也，非致隆高也，非綦文理也，非服人之心也。鄉方略，審勞佚，畜積修鬥，而能顛倒其敵者也。詐心以勝矣。彼以讓飾爭，依乎仁而蹈利者也，小人之傑也，彼固曷足稱乎大君子之門哉！

荀子說就連五尺的童子，在言談間都羞於稱道五霸。春秋五霸被荀子定義為「小人之傑」，那麼當時的社會在荀子眼中恐怕已經無法稱為達到「正理平治」的「善」。而尤有甚者，乃是《荀子・性惡》中提到的：

> 所賤於桀跖小人者，從其性，順其情，安恣睢，以出乎貪利爭奪。

荀子提出桀跖小人因為順於自己的本性生活，貪利爭奪的行為讓社會處於「偏險悖亂」的「惡」，比起五尺的童子難以稱道的五霸，人更輕賤桀跖。荀子發現個人的「非禮義」，擴大到社會上就變成「偏險悖亂」，這就是「惡」。所以依荀子所言，可以發覺「性惡」中的「惡」對個人和社會秩序上來說，乃是「禮義的缺乏」，並非一般道德認知上的惡。值得注意的是，荀子的「惡」，實

質已明顯擴大到可解釋社會秩序的「偏險悖亂」。

根據以上討論，再來看《荀子・富國》的這一段：

> 人倫並處，同求而異道，同欲而異知，生也。皆有可也，知愚同；
> 所可異也，知愚分。

每個人的欲與求，都只能算是行為的起點，就算起點相同，結果也不一定相同。再者，《荀子・禮論》中提到：

> 故制禮義以分之，以養人之欲，給人之求。使欲必不窮於物，物必
> 不屈於欲。兩者相持而長。

這裡說的是要制禮義來分別，和來養人的欲望，供給人的所求。如果，荀子真的以「欲」是惡當做是「性惡」的內容，那「故制禮義以分之，以養人之欲」就變成養人以「惡」，豈不怪哉？最後，若是荀子把「性惡」解釋為「順情性發展的欲」為「惡」，那麼荀子應該會提倡「去人欲」，而非導欲和節欲。

前述已將《荀子》中的「性」定調為兩層，分別為「人生理上的官能及其能力」和「官能的欲望」。由這裡來直接解釋「性惡」，就更不合邏輯了。「人生理上的官能及其能力」和「官能的欲望」只能解釋個人的「惡」，若要將其擴大到荀子所提及在社會秩序上的「惡」，那表示「性惡」中的「性」勢必要有「性發展向……」的意味，那麼「性惡」的「性」，有沒有可能其實是一個動詞，而非名詞呢？其實《荀子・性惡》中曾言「其性直也」、「以其性不直也」，將其重新解釋為「性發展向直」、「性發展向不直」，似乎頗為呼應「性惡」為一動態的發展過程。

其實，先秦典籍中可找到「性」作為動詞的用法，比如《孟子・盡心上》的「君子所性，仁義禮智根於心」和「堯舜，性之也；湯武，身之也；五霸，假之也。久假而不歸，惡知其非有也」的「性」均是動詞。若回到最初的《荀子・正名》中提到「性者，天之就也；情者，性之質也；欲者，情之應也」來看，「性」、「情」、「欲」在荀學中概念上是同質同層的，也提到「欲」是此三者之中，客觀上最容易觀察的。前述討論「惡」的意義的時候，提到荀子的「惡」可用在解釋社會秩序的「偏險悖亂」。那麼可以說「欲」在外在的社會秩序上呈現的乃是「惡」。

「善」在一般的理解常被視為「價值」的根源。在西方哲學中的形上學或本體論裡作為存有的超越屬性（transcendental attributes）「一」、「真」、「善」、「美」之一，「善」與「存有」具有可互換性，「至善」或「善自身」

甚至等同於「第一因」或「上帝」外，「善」也作為實踐哲學中的倫理學裡倫理行為或人性行為（human acts）的價值歸趨。而在中國儒家哲學更將「善」作為人性的代名詞、人性的本質、人性的特質或趨向。所以說「善」作為本體論或存有學來說，指的是存有即善；若在倫理道德意義上所指乃是倫理之善；若在日常生活上所談論的善，意義是指「好」，其中並無哲學意涵。其實就本體論或存有學的角度，根本不存在所謂積極的「惡觀念」或「惡自身」或「至惡」，也就是不存在所謂「惡」之本體，「惡」只是被理解為「善的闕如」（privation of good）。據此，倫理道德意義之惡（倫理學之惡），作為「倫理善的闕如」，可能指涉「道德主體」或「倫理人」美善的闕如，例如「壞人」、「惡人」、「邪惡意志」、「惡念」、「邪惡動機」、「惡性」等；也可能指涉人性行為美善的闕如，例如「壞事」、「壞行為」、「惡行」等，這些屬於不可接受、不被允許的倫理惡（moral evil），也是真正的惡。至於非倫理意義的惡，可以包括自然界或天生的缺陷，這屬於可接受、可允許的物理惡（physical evil），如眼盲、耳聾、肢障等天生即有或後天導致的缺陷，或一隻手有六根手指、兩頭蛇、雞有四隻腳等異常或突變現象等；也可以包括非自然界的「壞的（不成功的）作品」、「壞的工具」、「壞的動作」、「壞的建議」、「壞的結果」等。非倫理意義的惡或物理惡，只是指出自然界的法則，這無法得到完滿的解釋，人也莫可奈何，非人力可為。但是倫理意義之惡卻不同，因為人有「自由意志」（free will），人可以「選擇」做或不做（有做或不做的自由）。人由於有選擇的自由，於是也有承擔責任的義務，人必須為所作所為負責。〔註33〕

可見，荀子以「治」、「亂」詮釋「善」、「惡」，又以「禮義」、「非禮義」來範限「治」、「亂」，於是所謂「善」、「惡」其實就是「禮義」及「非禮義」；「惡」的概念就只是個消極概念，意即「善的缺乏」，以「禮義之缺乏」為其實質意義。因此，荀子之言「性惡」即荀子在先肯定禮義為正面價值之所在之後，以為：以情欲為實質內容之人「性」（為一積極概念）並未具備或表現禮義，故為「惡」（為一消極概念）。此中「善」與「惡」二概念之關係，類於邏輯裡的缺性對當；「善」為一實體概念，「惡」並非一實體概念，只是「善概念之缺乏」（privation）。哲學上，二概念中以「善」為主要，「惡」為次要。

〔註33〕參見潘小慧：〈荀子言性惡，善如何可能？〉，《儒家倫理學與士林哲學》，頁229～231。

荀子哲學亦然。以上關於善惡二概念之意涵，可以下圖表示：〔註34〕

「善」	＝「治」	＝「禮義」
【積極概念】		（禮義之實存）
「惡」	＝「亂」	＝「非禮義」
【消極概念】		（禮義之缺乏）

　　若將「性惡」解讀成一個動態歷程來看，對荀子的思想就有了更清楚的理解。有些學者因為解讀荀子思想時，因為對「性惡」說的錯誤認知，便導致對荀子學說無法掌握的嚴重後果。就有學者解讀「性惡」為「人性本惡」，進而說荀子的「凡人之欲為善者，為性惡也」論述上，有著邏輯上的錯誤。〔註35〕其實在《荀子》中根本就沒有強調「人性本惡」此一說法。

第三節　性偽之分

　　前述探究「人之性惡明矣，其善者偽也」此句時，發現荀子將「性與偽」、「惡與善」相對來看，足見「性與偽」是一組相對概念，若能分別釐清，將對荀子的人性論脈絡有著更清晰的明辨。而性偽之分的相關論述，在《荀子・性惡》中就可以找到：

> 孟子曰：人之學者，其性善。曰：是不然。是不及知人之性，而不察乎人之性偽之分者也。凡性者，天之就也，不可學，不可事。禮義者，聖人之所生也，人之所學而能，所事而成者也。不可學，不可事，而在人者，謂之性；可學而能，可事而成之在人者，謂之偽。是性偽之分也。

荀子指出，孟子之曰性善，實乃不察「性」「偽」之分也。「性」是天生的，不經學習和努力而有，如同眼睛能看，耳朵能聽一樣，生下來就擁有的能力。「偽」是人為的，出生的時候不存在，必須經過後天的學習和努力才能獲得。「性」「偽」之分，在乎前者乃與生俱來，先天而有之；後者乃人為做成，必後天習得之。仁義禮智並非天賦，是聖人造作，後人經過學習而有的；善不是「性」，乃是「偽」。荀子以耳聰目明來說明「性」，可以看出這裡把性和偽分別的重點

〔註34〕上文與下圖引述自潘小慧：〈荀子言性惡，善如何可能？〉，《儒家倫理學與士林哲學》，頁236～237。

〔註35〕譚宇權：《荀子學說評論》，臺北市：文津出版社，1994，頁144。

是「天生自然」與「人為而成」的區別。所以荀子在《荀子・性惡》中又說：

> 若夫目好色，耳好聽，口好味，心好利，骨體膚理好愉佚，是皆生
> 於情性者也；感而自然，不待事而後生之者也。夫感而不能然，必
> 且待事而後然者，謂之生於偽。是性偽之所生，其不同之徵也。

這裡的「徵」，指驗。〔註36〕也就是把人的官能所發展出的情、欲也納入「天
生自然」的部份，把無法由「天生自然」能感的部份都認定為生於偽。其實，
荀子不只在《荀子・性惡》中多次強調性是天生自然的，在《荀子・禮論》中
亦有類似說法：

> 性者、本始材朴也；偽者、文理隆盛也。

這裡不只說了性是天生自然，還把偽的「人為而成」歸到「文理」的極盛。文
和理在《荀子・禮論》中有明確的定義是指「修飾」和「合宜」，並合成「儀
文」：〔註37〕

> 貴本之謂文，親用之謂理，兩者合而成文，以歸大一，夫是之謂大
> 隆。

其中的「大一」在《禮記・禮運》中提到「是故夫禮，必本於大一」，指的是
大古。〔註38〕而且荀子在《荀子・性惡》也提到文理與禮義密不可分：

> 然而孝子之道，禮義之文理也。
>
> 好利而欲得，若是則兄弟相拂奪矣；且化禮義之文理，若是則讓乎
> 國人矣。

甚至在《荀子・性惡》中以君子化性起偽而生禮義，直接強調「偽」和禮義的
關係：

> 凡（所）貴堯、禹、君子者，能化性，能起偽，偽起而生禮義。

所以偽的表現是，「人為而成」歸到「文理」的極盛，而文理極盛的表現就是
「禮義」。

所以荀子在《荀子・禮論》中說：

> 無性則偽之無所加，無偽則性不能自美。性偽合，然後成聖人之名，
> 一天下之功於是就也。故曰：天地合而萬物生，陰陽接而變化起，
> 性偽合而天下治。

〔註36〕熊公哲：《荀子今註今譯》，頁481。
〔註37〕熊公哲：《荀子今註今譯》，頁376。
〔註38〕熊公哲：《荀子今註今譯》，頁376。

性和偽雖然有分別，但是偽的定義中有性為基礎，而性要向善就必須透過偽。從荀子把「偽」最後定調到禮義，不難看出其對於人的後天作為採取非常積極的看法。才會說性偽合，再加上聖人的制名完備，天下就能達到治，也就是善。荀子既然言「性惡」，那麼就要解決「善」從何而來或是因何而來的問題。那麼在荀子的學說中，善又是甚麼？

比對荀子在《荀子‧性惡》中說：

> 故必將有師法之化，禮義之道，然後出於辭讓，合於文理，而歸於
> 治。今人之性惡，必將待師法然後正，得禮義然後治。

在荀子的學說中，聖人乃是師法、禮義的來源，也就是善的來源，《荀子‧性惡》中說：

> 古者聖王以人性惡，以為偏險而不正，悖亂而不治，是以為之起禮
> 義，制法度，以矯飾人之情性而正之，以擾化人之情性而導之也，
> 始皆出於治，合於道者也。
> 凡禮義者，是生於聖人之偽，非故生於人之性也。……聖人積思慮，
> 習偽故，以生禮義而起法度，然則禮義法度者，是生於聖人之偽，
> 非故生於人之性也。
> 故聖人化性而起偽，偽起而生禮義，禮義生而制法度；然則禮義法
> 度者，是聖人之所生也。聖人之所以同於眾，其不異於眾者，性也；
> 所以異而過眾者，偽也。

這裡明確的指出聖人之性，跟一般人是一樣的；聖人與一般人不同的地方是偽。所以禮義乃生於聖人之偽，非生於聖人之性。但是人如何由性惡轉向善呢？荀子的說法是人必須「化性而起偽，偽起而生禮義，禮義生而制法度」，所以，善的來源也可以視為是化性起偽的歷程。不過，在這裡要注意的是，荀子言禮義、法度都是出於治、合於道，就是仍舊以「道」做為判斷治的標準，也就是判斷善的標準。所以除了禮義之外，法治也成為荀子學說中跟善有所聯繫的另一個重點。

所以《荀子‧解蔽》中說：

> 故學也者，固學止之也。惡乎止之？曰：止諸至足。曷謂至足？曰：
> 聖王。聖也者，盡倫者也；王也者，盡制者也；兩盡者，足以為天
> 下極矣。故學者以聖王為師，案以聖王之制為法，法其法以求其統
> 類，以務象效其人。

「至足」，指圓滿無缺之道。也就是說荀子認為「學」當有一個正確的目標，也就是圓滿無缺之道。而圓滿無缺之道，就是學聖道和王道。聖人窮盡萬物之理；王者窮盡禮法之制，聖人之道與王者之制足以為天下萬世之極則。〔註39〕所以荀子側重禮之客觀效應，強調禮制點憲之整齊統一，而形成「禮之統類」的觀念。〔註40〕荀子說「禮者、法之大分，類之綱紀也」（《荀子・勸學》），指的便是禮法乃是一切事物的總綱紀。

如果說荀子把法治視為禮的客觀效應，那麼荀子所言的善，具有的意義就更為豐富了。依照《荀子》中把「善」的意義建築在合禮義的治上面，又把禮義視為「道」的實質。已經不難看出因為荀子不僅僅把對「善」追求，在禮義外的客觀效應，轉向了法治層面；也把人想要知道如何向「善」的前提，建築在內便是心要先有對「道」的認識與理解。所以，荀子言善，看似直指合於「治」的「禮義」實存，也就是「偽」的表現；其實亦隱含有「道」、「法」的內在與外在條件的具備。所以，可知荀子學說中所言的「善」，乃是蘊含著「治」、「禮義」、「偽」、「道」、「法」的意義在內，可以指個人（君子）；當然更可以指社會秩序。

第四節　化性起偽

那麼根據荀子強調「其善者偽也」的說法，化性起偽的歷程更顯重要，那接著來看荀學中「化性起偽」的思想進路。〔註41〕

荀子在《荀子・儒效》中說：

> 性也者，吾所不能為也，然而可化也。積也者，非吾所有也，然而可為也。注錯習俗，所以化性也；並一而不二，所以成積也。習俗移志，安久移質。並一而不二，則通於神明，參於天地矣。

「化」指變化。〔註42〕這裡指出人的性是可以靠著累積後天的經驗和學習而變化的，而積習的功夫不是人生來固有的，但是可以靠後天人為而成的。生

〔註39〕李滌生：《荀子集釋》，臺北市：臺灣學生書局，2000，頁499。

〔註40〕周群振：《荀子思想研究》，臺北市：文津出版社，1987，頁5。

〔註41〕荀學中的「心」有兩層意義，一部份歸屬「性」中探究，而另一部份不歸屬於「性」的部分則為「化」的關鍵能力。為說明清楚荀學人性論中的化性起偽歷程，故將此歸為「性外之心」，一小部分放在第二章（荀子的人性論）當中做簡要說明，其餘詳細論述則放在第四章（荀子的人性視域）。

〔註42〕熊公哲：《荀子今註今譯》，頁136。

活的安排、風俗的感染，就可以化性。專心一志，才能夠積習。習俗轉移人的志向，安之既久就會變化人的氣質。專一於師法，不二於異端，則智慧通於神明，與天地並列了。〔註43〕

　　所以，荀子在《荀子·性惡》中提出了「積」乃是君子和小人的分別就在意志上的選擇：

　　　曰：「聖可積而致，然而皆不可積，何也？」曰：可以而不可使也。
　　　故小人可以為君子，而不肯為君子；君子可以為小人，而不肯為小
　　　人。小人君子者，未嘗不可以相為也，然而不相為者，可以而不可
　　　使也。

面對理論上的「聖可積而致」，相對於現實上的「皆不可積」，荀子認為問題是在「可以而不可使也」上面。楊倞注為「可以為而不可使為，以其性惡」；〔註44〕熊公哲則稱「可以，謂可以為。不可使，謂不可使之必為」〔註45〕；王天海將此句注為「即可為而不可使之為也」。〔註46〕相對於「可以為」，「使之為」明顯有一種被動意味，因此採用王天海的解釋便可以符合荀子學說中心的主動性，因為這句話便無疑在強調成聖是個體主動而非被動的行為。〔註47〕相對於「故小人可以為君子，而不肯為君子；君子可以為小人，而不肯為小人」而言，就是人的自由意志。所以人的價值是建立在可以為的條件之上，並加以肯為的努力，也就是《荀子·正名》中提到的「求者從所可，所受乎心也」。荀子學說中所言化性起偽，其中「化」的功夫在「積」，「積」的關鍵在可以為與不肯為，那麼可以為與不肯為的選擇，終歸回到「心」。

　　所以《荀子·解蔽》中提到心的清明：

　　　故人心譬如槃水，正錯而勿動，則湛濁在下，而清明在上，則足以
　　　見鬚眉而察理矣。微風過之，湛濁動乎下，清明亂於上，則不可以
　　　得大形之正也。心亦如是矣。故導之以理，養之以清，物莫之傾，
　　　則足以定是非決嫌疑矣。

心的清明可以明鑑於物，心若亂則難以明察萬理；所以以清養心，外物不得

〔註43〕李滌生：《荀子集釋》，頁154～155。
〔註44〕王先謙：《荀子集解》，頁443。
〔註45〕熊公哲：《荀子今註今譯》，頁489。
〔註46〕王天海：《荀子校釋》，上海：上海古籍出版社，2005，頁955，注一。
〔註47〕方旭東：〈可能而不能——荀子論為善過程中的意志自由問題〉，頁60（55～
　　　68）。

使之傾斜，就可以定是非而決嫌疑。除了養心以清之外，《荀子·不苟》中還提到養心以誠：

> 君子養心莫善於誠，致誠則無它事矣。惟仁之為守，惟義之為行。誠心守仁則形，形則神，神則能化矣。誠心行義則理，理則明，明則能變矣。變化代興，謂之天德。天不言而人推其高焉，地不言而人推其厚焉，四時不言而百姓期焉。夫此有常，以至其誠者也。

說明君子養心沒有比誠更好的，只要誠心守著仁必會形於外，形於外就會如神明，如神明則能化育也。對照《大學》所言「所謂誠其意者，毋自欺也」，「誠心行義則理，理則明，明則能變矣。變化代興，謂之天德」指的就是人要以不自欺的誠心而行，其意義是法天而行。其天德一說乃是延續孔孟視天具道德義的觀念。〔註48〕

所以《荀子·性惡》中說：

> 凡禹之所以為禹者，以其為仁義法正也。然則仁義法正有可知可能之理。然而塗之人也，皆有可以知仁義法正之質，皆有可以能仁義法正之具，然則其可以為禹明矣。

其中所謂「然而塗之人也，皆有可以知仁義法正之質，皆有可以能仁義法正之具」指的就是人的心，對比《荀子·性惡》言：

> 塗之人者，皆內可以知父子之義，外可以知君臣之正，然則其可以知之質，可以能之具，其在塗之人明矣。今使塗之人者，以其可以知之質，可以能之具，本夫仁義法正之可知可能之理，可能之具，然則其可以為禹明矣。今使塗之人伏術為學，專心一志，思索孰察，加日縣久，積善而不息，則通於神明，參於天地矣。故聖人者，人之所積而致矣。

塗之人均具有「可以知之質，可以能之具」的心，但是重點是必須「伏術為學，專心一志，思索孰察，加日縣久，積善而不息，則通於神明，參於天地矣」。對照上文所提到的「積」乃是君子、小人的分別是在意志上的選擇不同，也就是「材性知能，君子小人一也」（《荀子·榮辱》），而此一選擇乃是在於心。所以在荀子的學說中，這裡可以說明化性起偽以求善的主動性來自於心；也說明沒有天生的聖人，聖人乃是刻意積累而成的之外；更可以解釋理想上

〔註48〕張匀翔：〈本於立人道之荀子「不求知天」與「知天」觀之智德內涵〉，頁81（69～86）。

「塗之人可以為禹」，但是事實上能將意志落實到實際行為的聖人卻是難得一見。「心」的力量在荀學中的關鍵性十分鮮明，尤其在群體中的力量不容忽視。

人類社會的群乃是為了共同目的而建立的，《荀子・富國》中提到：

> 萬物同宇而異體，無宜而有用為人，數也。人倫並處，同求而異道，
> 同欲而異知，生也。皆有可也，知愚同；所可異也，知愚分。埶同
> 而知異，行私而無禍，縱慾而不窮，則民心奮而不可說也。如是，
> 則知者未得治也；知者未得治，則功名未成也；功名未成，則群眾
> 未縣也；群眾未縣，則君臣未立也。無君以制臣，無上以制下，天
> 下害生縱欲。

這裡說明了萬物在宇宙中各有其宜，若善於利用，就能利民生。人的欲望相同，追求的方法與知識因人而異，是天性使然。心中皆有所可，是智、愚所同的；心中所認可的道理，則是智、愚之分。人的勢力相同，但是智不同，若行私而不得禍，則人民必起而奮奪而無法說服。那麼就算智者也無法治理了，無法治理就無法成就功用名分，那群眾便無法懸繫，而君臣制度便無法建立。無君以管制臣，無上以管制下，天下之害就生於縱慾了。所以《荀子・富國》中提到群體中的分與君的關係：

> 人之生不能無群，群而無分則爭，爭則亂，亂則窮矣。故無分者，
> 人之大害也；有分者，天下之本利也；而人君者，所以管分之樞要
> 也。故美之者，是美天下之本也；安之者，是安天下之本也；貴之
> 者，是貴天下之本也。

這裡提出了人君是管理分的重要關鍵，這裡可算是荀子尊君的理論之一。有人君，那麼國的雛形就建立了，所以《荀子・議兵》中才說：

> 禮者、治辨之極也，強國之本也，威行之道也，功名之總也。

禮是在群體中的功用是讓人能分並達到治，避免禍害，所以說「善」就被定位在「禮」上了。〔註49〕此一概念非常重要，不只說明荀子提出的「性惡」與其「偽善」是相對關係，而其終極目標乃是以「禮」為「善」之實質泛指。

對照《荀子・性惡》中說：

> 聖人積思慮，習偽故，以生禮義而起法度。
> 古者聖王以人性惡，……是以為之起禮義，制法度，以矯飾人之情
> 性而正之，以擾化人之情性而導之也，始皆出於治，合於道者也。

〔註49〕陳望衡：《中國古典美學史》，臺北市：華正書局，2001，頁175。

荀子理想中的人君便是聖人，才能生禮義和起法度，「出於治、合於道」指的是社會秩序的善，也就是群體的善，所以荀子的法治與群體的善不可分。

《荀子‧儒效》便提出法先王和法後王的差別：

> 略法先王而足亂世術，繆學雜舉，不知法後王而一制度，不知隆禮義而殺詩書；……法後王，一制度，隆禮義而殺詩書；其言行已有大法矣，然而明不能齊法教之所不及，聞見之所未至，則知不能類也；知之曰知之，不知曰不知，內不自以誣，外不自以欺，以是尊賢畏法而不敢怠傲：是雅儒者也。

對照《荀子‧不苟》中言「百王之道，後王是也」，先王後王在本質上並無差異，只是先王歷時久遠，略而難詳。而後王之法，承先王之道累積而成，粲然名備，可據可徵，故荀子特重法後王。〔註 50〕依據荀子的前後文，荀子認為法後王還有程度的差異，就是「雅儒」和「大儒」的分別。

> 法先王，統禮義，一制度；以淺持博，以古持今，以一持萬；苟仁義之類也，雖在鳥獸之中，若別白黑；倚物怪變，所未嘗聞也，所未嘗見也，卒起一方，則舉統類而應之，無所儗怍；張法而度之，則晻然若合符節：是大儒者也。

王先謙說：「『先王』當為『後王』，『以古持今』當為『以今持古』，皆傳寫誤也。」〔註 51〕大儒才是荀子心中理想的人格典範，也是聖王能制禮儀法度的條件具備。

那麼一般人無法達到此境界，就依據聖王的法度作為權衡的標準，《荀子‧不苟》便提到：

> 君子大心則敬天而道，小心則畏義而節；知則明通而類，愚則端愨而法。

所以在荀子眼中，君子不必一定要智，但是至少要懂得守法度。這是荀子對群中的人民，一種最低限度的期許。所以《荀子‧正名》說：

> 有法者以法行，無法者以類舉。

當法度中沒有適當的條文可以引用判斷的時候，就必須推求共通之理。對照《荀子‧王制》所言：

〔註 50〕蔡仁厚：《中國哲學史綱》，臺北市：臺灣學生書局，1988，頁 67。
〔註 51〕王先謙：《荀子集解》，頁 140

> 以類行雜，以一行萬。始則終，終則始……天地者，生之始也；禮
> 義者，治之始也；君子者，禮義之始也。

所以這裡的「一」又回到禮義的意義了。在荀子眼中禮義仍是法度的根本，而且也確切的體認了有「無法者以類舉」的狀況。所以化性起偽的歷程是善的來源，在群中不可避免的必須由禮義走向具體的法度。因為法的強制性更強調整體的禮法綱紀，並非著重個體。〔註52〕當然，法雖是具體化的群體制度，卻無法把所有的禮義之道包含於內。

　　根據以上的分析，會覺察「性惡」與其「偽善」是相對關係，荀子的「基源問題」是實現群體的「善」，而其終極目標乃是以「禮」為「善」之實質泛指。所以分析荀學的性惡論時，必須一併包含其以「偽善」為目的內涵探究，並含括「化性起偽」的歷程，才是一個完整的論述。以荀子極力辨別性偽的不同的相關文字來爬梳，不難發現荀子乃是想把「性」、「偽」分別對照「非禮義」、「禮義」來看，本意應是想把「偽」和「善」聯繫起來，並不是想要強調「性惡」，所以《荀子·性惡》中才會一再出現「其善者偽也」的說法。不少人批評荀子，不明究理，往往將重點擺在其「主性惡」上，其實這是頗值得商榷的。〔註53〕

〔註52〕李澤厚：《中國古代思想史論》，臺北縣樹林鎮：漢京文化出版社，1987，頁107。

〔註53〕潘小慧：〈從「解蔽心」到「是是非非」：荀子道德知識論的建構及其當代意義〉，《儒家倫理學與士林哲學》，臺北市：至潔有限公司，2021，頁255。

第三章　韓非子的人性觀

第一節　人與人之間的關係：以「利」為基礎

　　《韓非子》書中「性」字共十八件，為數極少，用法也不一致，可以初步斷言此字在韓非理論的重要性有限。〔註1〕韓非子的人性觀點只能從人與人的相對關係中試圖去抽離，進一步探討。〔註2〕韓非子認為所有人際的相對關係，都是最終以是否得「利」為最終目的，所以他視「利」乃是為一切待人接物的圭臬，韓非子人性觀察乃是以「自利自為」為主要立基點，現將人性「自利自為」的觀察證據分列如下：

　　在《韓非子・六反》中可以找到人性「自利自為」的觀察證據一，乃是以父子關係為例：

> 　　父母之於子也，產男則相賀，產女則殺之。此俱出父母之懷衽，然
> 男子受賀，女子殺之者，慮其後便，計之長利也。故父母之於子也，
> 猶用計算之心以相待也，而況無父子之澤乎！

　　在古代，若有夫婦生下兒子則會獲得親朋好友的相互慶賀；反之，如果是生女兒則將她殺死，這是因為父母考慮到將來自己的生計必須仰賴兒子，

〔註1〕詹康：〈韓非論人新說〉，《政治與社會哲學評論》第 26 期，2008 年 9 月，頁
　　　116（97〜153）。

〔註2〕詹康的〈韓非論人新說〉針對韓非子的「性」有極為獨特的見解，但是《韓
　　　非子》文本中的「性」字使用次數實在太少，所以本文仍以人與人的相對關
　　　係中去分析韓非子對人性的看法。

計算長久的利益。述明了父母對於兒女尚且使用計算利益的方式來對待他們，更何況對方與自己並沒有父子般恩澤情意的人。接著在《韓非子・外儲說左上》中可以找到加強上述論證的說明：

> 人為嬰兒也，父母養之簡，子長人怨。子盛壯成人，其供養薄，父母怒而誚之。子父至親也，而或誚或怨者，皆挾相為而不周於為己也。……皆挾自為心也。故人行事施予，以利之為心，則越人易和；以害之為心，則父子離且怨。

父母和子女之間的愛，本是一種無條件且不求回報的人倫關係，但是韓非子在本段則指出，父母養育小孩期間若是對孩子有所忽略，小孩長大之後會對父母有所怨恨，並依此再次強調人的好利、為己行為。其中的「皆挾相為，而不周於為己也」更是關鍵點出人以「為己」的思考點，而總執著於別人給予自己的不周備之處。韓非子指出，人皆自私自利，「皆挾自為心」。這點與荀子觀察人性的起始點確實是一致的。〔註3〕

在《韓非子・備內》可找到人性「自利自為」的觀察證據二，乃是以夫妻關係為例：

> 夫妻者，非有骨肉之恩也，愛則親，不愛則疏。語曰：「其母好者，其子抱。」然則為之反也，其母惡也，其子釋。丈夫年五十而好色未解也，婦人年三十而美色衰矣。以衰美之婦人事好色之丈夫，則身死見疏賤，而子疑不為後，此后妃、夫人之所以冀其君之死者也。唯母為后而子為主，則令無不行，禁無不止，男女之樂不減於先君，而擅萬乘不疑，此鴆毒扼昧之所以用也。故《桃左春秋》曰：「人主之疾死者不能處半。」

上一段文字，韓非子已將父子骨肉的恩澤以「自利自為」來做評論。這一段，則以夫妻之間並沒有骨肉至親的愛來論述，也將夫妻關係連結在「利益」相交的基礎上。其中的關鍵在「有愛則親，不愛則疏。」把夫君對於妻子的愛建立在美色之上，認為妻子有美色才能維持住夫君的愛；一旦妻子年老色衰，夫君便會毫不猶豫拋棄同床共枕之情義。所以妻子便會希冀夫君早死，企盼兒子能繼承君王之位，以免自身面臨色衰遭疏遠輕視的命運。韓非子認為這

〔註3〕王靜芝說：「韓非子雖未直接認定人性是惡的，但他指出，人皆自私自利，『皆挾自為心』(《韓非子・外儲說左上》)。『用計算之心相待』。(《韓非子・六反》)」。參見王靜芝：《韓非子思想體系》，頁23。

是夫妻關係上所言的愛，依舊是以「自利自為」為基礎。後一段，更指君王可能死於妻子「自利自為」的念頭，展現出韓非子對於「自利自為」人性的堅定信念，認為「自利自為」所衍生的「傷人」行為是屢見不鮮的。

　　人性「自利自為」的觀察證據三，乃是以君臣關係為例，有三段可為證：

（一）《韓非子‧難一》中言：

> 臣盡死力以與君市，君垂爵祿以與臣市，君臣之際，非父子之親也，
> 計數之所出也。

以臣子盡死力與君主交易，而君主給予爵祿來和臣子交易為例，再度述明君臣之間無父子親情，只是以計算彼此利害的關係依存著。

（二）《韓非子‧飾邪》中言：

> 故君臣異心：君以計蓄臣，臣以計事君，君臣之交，計也。害身而
> 利國，臣弗為也；害國而利臣，君不行也。臣之情，害身無利；君
> 之情，害國無親。君臣也者，以計合者也。

一開始就說明君臣的心態並不相同，君主以計算利害來畜養臣子，臣子則以計算利害來侍奉君主。「君臣也者，以計合者也」點出君主和臣子的關係，是以計算利害相結合的，雙方都不願意「害身」而利國、利臣，關鍵就在雙方均以「自利自為」為立場。

（三）《韓非子‧孤憤》中言：

> 臣主之利與相異者也。何以明之哉？曰：主利在有能而任官，臣利在
> 無能而得事；主利在有勞而爵祿，臣利在無功而富貴；主利在豪傑使
> 能，臣利在朋黨用私。是以國地削而私家富，主上卑而大臣重。故主
> 失勢而臣得國，主更稱蕃臣，而相室剖符，此人臣之所以譎主便私也。

這一段更將君臣「自利自為」的部分詳細描述，君王任命臣子的目的是希望運用他的才能、期盼他能立下功勞；而臣子則希望沒有才能、功勞就能獲得君主賦予職位與爵祿。後一段，則特別強調大臣欺瞞君主來牟取私利的行為。

　　以上可以看出韓非子對於君王保國衛民的目的設定在「自利自為」之意念，乃是想保住自己的君主之位，使自己的地位更穩固；而臣子為君捨命，則是意在晉升官階，獲取封祿，追根究柢，仍是「自利自為」之行為而已。就韓非子而言，君臣不過是交易關係的一種，韓非子對君臣共處的觀點，並無「君臣有義」之類的道義存在，使兩者和平共處，唯有出自牽引彼此的「利害相關」罷了。

以上已經分析了韓非子對於父子、夫婦、君臣皆以利益之計較相待的看法，更何況是關係更為疏遠的他人呢？以《韓非子·備內》中言為例：

> 醫善吮人之傷，含人之血，非骨肉之親也，利所加也。故輿人成輿，
> 則欲人之富貴；匠人成棺，則欲人之夭死也。非輿人仁而匠人賊也，
> 人不貴則輿不售，人不死則棺不買。情非憎人也，利在人之死也。

韓非子舉出「醫生」、「車匠」、「木匠」三種行業為例，把非親屬關係中各行各業彼此的關係也以「自利自為」的觀點一併納入。可以確信韓非子確實是透過經驗考察社會上的種種現象，來作為人重視自身利益的立論依據。韓非子藉由人際的互動行為透析出他對於人性的看法，認為這些都是人本性之自然。韓非子之自利自為人性觀，觀察點乃是來自於人情之好利惡害、就趨利避厄而言卻屬於事實觀察，這無可否認。但所謂的人性真如韓非子所提，只是單單牽繫著計算心而已嗎？誠如傅玲玲所論述：

> 觀之韓非，……，其所關心的及欲解決的，均是社會上或政治上已
> 然發生的實際問題，也因此，吾人對於韓非積極改革政治環境的目
> 的，實應予以肯定，但亦須質疑的是：將人性的內涵予以工具化，
> 忽略了「人」的生命意義的探求，試問，對於身為政治及社會實體
> 的「人」，何以將為？而脫離了對「人」的生命關懷，則其欲改善或
> 改革的宗旨，又能將「人」帶領至何種境地？韓非哲學論「人」卻
> 不關懷「人」，顯現出其在人文精神上的沉淪與失落。〔註4〕

綜上所述，韓非子對於「人性」的觀察，乃經由時代的現實考察、人之生活現象觀察和綜合了各家的學說，而更進一步提出了自己的主張，並超越了性善性惡之爭的傳統窠臼。極可能是因為韓非子身處的戰國末期，就政治上的需要，觀察人性自利自為的層面，以此作為政治哲學的理論根基。所以，韓非子的人性觀視域，明顯只偏頗的以人性自利自為的角度來解讀，其視域固守在「人性可被利用的現實價值上」，呈現了一種「人性可因不可化」的層次，與荀子「化性起偽」的人性論結構天差地別。韓非子若能就人性呈現的行為採取更全面的多方角度比較，就會發現父子、夫婦、君臣此三種關係，並非只有他所認定的負面例子而已。以醫者唯利是圖的說法也太過極端，仁心醫者其實也並不少見，並不是所有的人際關係都只能用「自利自為」的立基去判定。

〔註4〕傅玲玲：〈「不以善惡論之」——韓非人性論之討論〉，頁94（79～96）。

第二節　自利自為的人性觀

前一章，已提到荀子「性惡論」最主要的意思是「人的官能及其慾望」與外在群體的禮義規範衝突時會產生「惡（非禮義）」，因而更凸顯教化的重要，即荀子認為先天之「性」為惡，故須後天之「偽」以化性。上一段則分析了韓非子的人性觀察以好利為出發點，以得利為目標，他將人性定位在自利自為、好利惡害，意味著透過他經驗考察視角中所呈現人的種種行為，在生理與心理的欲求之下，皆呈現出有此特質。這種自利人性觀、自利自為就是韓非子人性觀的基本特點，也可說是一種自利自為主義。而這種以自身為主要優先的人性也可稱其是一種計算心，也就是時時刻刻都以為自己打算的自為之心，人的一切道德、情感、行為都決定於對自己是否有利，不在道德屬性的範圍內探究。

《韓非子》不同於《荀子》，其中並沒有專門討論「人性」的篇章，但書中描述可呈現人性特質的章節卻不少，可知韓非子對人性的觀點自有其立場。韓非子趨向藉由後天行為來觀察人性，以實際經驗的考察和分析來說明人性的特質，這種充滿經驗主義色彩的人性觀，很明顯的有師承荀子的痕跡。但是因為《韓非子》中並沒有直接提到「性惡」二字，雖說韓非子的人性觀可能師承自荀子的經驗觀察方法，但他以「自為心」為人的自然本能來解釋，並沒有像荀子架構出一個完整的人性理論，更不要說有如荀子一般，探究或判斷人心善、惡的意圖導向的可能。如果把韓非子的人性觀看作只是繼承和發展荀子的性惡說，或者因此把韓非子的人性觀察結論定位在性惡論，甚至是極端性惡論，則是把問題看得過於簡單了。〔註5〕

綜觀《韓非子》書中所呈現的人性觀點，相關的陳述散見於眾多篇章中，有明顯論及人性觀點的相關篇章約有二十四篇。〔註6〕在《韓非子》中，對於人性觀點的敘述，多是藉由觀察人外在的行為表現而來，有以下較具代表性的說法：

〔註5〕高柏園說：「一般人往往認為人的好利惡害是一種自私而不高貴的性情，甚至有人認為這就是性惡論。然而，我們無法否認人是必須爭取自己存在下去的可能的，好利惡害本來就是人自我保全的本能，這並不能算是一種罪惡，因此，我們不能說韓非子是一個性惡論者。」參見高柏園：《人性管理的終結者》，臺北市：漢藝色研文化事業有限公司，1990，頁81。

〔註6〕蔡宜蓉：〈韓非子人性論之研究〉，《問學集》第16期，2009年2月，頁314（311～325）。

（一）《韓非子·姦劫弒臣》中言：

> 夫安利者就之，危害者去之，此人之情也。

指出人的常情乃是追求安樂利益，逃避危險禍害。

（二）《韓非子·解老》中言：

> 人無毛羽，不衣則不犯寒。上不屬天，而下不著地，以腸胃為根本，
> 不食則不能活。是以不免於欲利之心。

此段以人必須穿衣、進食才能生存來比喻人貪得利益的心理是無法免除的。

（三）《韓非子·外儲說左上》中言：

> 利之所在民歸之，名之所彰士死之。

此段以人逐利、士爭名的行為證明人「自利自為」的特質。

（四）《韓非子·難二》中言：

> 好利惡害，夫人之所有也。……喜利畏罪，人莫不然。

以好利惡害為人的本性為例，指出喜愛利益且畏懼刑罰則是人都會有的行為。此段可看出韓非子對人的特質把握，實質已將自利自為、畏刑架構成一組相對概念來觀察。

（五）《韓非子·八經》中言：

> 凡治天下，必因人情。人情有好惡，故賞罰可用；賞罰可用，則禁
> 令可立，而治道具矣。

此段是以君主的立場來論述的，說明利用人的心理喜好利益而厭惡刑罰，就能用賞罰左右人們，進一步建立禁戒和法令。「治道具矣」則指出賞罰、禁戒、法令是治理國家的法術，展現出以人性自利自為的特質來控制人民的企圖。

（六）《韓非子·制分》中言：

> 民者好利祿而惡刑罰，上掌好惡以御民力。

再次論述君王治理國家時，要能掌握人民喜好利祿而憎惡刑罰的心理特質。

　　由以上所引，得知人情有好利惡害，所以「利」成為韓非子觀察人性的焦點，而成為大多數人行為表現的內在動機。〔註7〕韓非子將人性欲利的思想進一步落實在人際關係裡，他認為社會各階層的人們都被「利」所支配，都是從個人利益來建立自己的人際關係，如《韓非子·備內》中言：

> 故王良愛馬，越王勾踐愛人，為戰與馳。

〔註7〕林義正：〈先秦法家人性論之研究〉，《中國人性論》，臺北市：東大圖書公司，1990，頁93。

　　此段引用王良、越王句踐為例，足見韓非子的人性觀以好利為出發點，以得利為目標，認為只要有利益，人便會趨之若鶩，而且不惜任何代價，甚至為了自利而先去愛人，行為上呈現出自利與愛人未必矛盾的微妙關係，〔註8〕卻也再一次凸顯了「利己」的色彩。〔註9〕此一觀點也可作為韓非子審視歷代事件的角度的論證參考，君王對人民之愛若是站在「利己」的角度上，那麼韓非子在「群己」關係的考量一路延伸到「君」的視野，應該會以抽離仁義道德的框架來維持其理論的一致性基調。所以，韓非子的人性觀點即自利人性觀，將人性歸結為自利自為，並限制在此一角度，此一設定乃是刻意所為，是將其處在與法治思想相對待的關係上而立論，好比荀子的性惡論是對待於禮義之統而立論的。此人性觀點的定位是很重要的，如此韓非子的學說才具備了法治推行必要的前提。詳細考察《韓非子》全部篇章，可看出韓非子的人性觀是偏頗的，言談中也屢以君王的角度論及妻子對君王的謀害、臣子對君王的欺騙，這類以君主角度的設準看人性。所以，韓非子的自利自為人性觀是為了君王如何使法有效控制人民做立論基礎，與前述探究荀子的性惡論強調可靠後天修持心性為善的教化意義，在本質與目的上有極為顯著的差異。

第三節　功利的價值觀

一、反對仁義價值

　　孟子說：「生，亦我所欲也；義，亦我所欲也；二者不可得兼，舍生而取義者也。(《孟子·告子上》)」〔註10〕孟子人生的價值觀就在實現完美的人格，義是人之所以為人的條件，也是人之所以異於禽獸的地方，為了義，生命都可以犧牲，孟子這一價值觀來自於他的人性論，孟子認為人有仁義禮智四端，

〔註 8〕詹康認為韓非子所論述的人類行為大致可分為「放肆利己觀」、「高貴利己觀」、「審慎利己觀」，將韓非子論述之人類行為立體化。詹康並將王良、越王此段歸為「高貴利己觀」，論點獨特。參見詹康：〈韓非論人新說〉，頁 106（97～153）。

〔註 9〕朱弘道：〈對詹康〈韓非論人新說〉的反思〉，《國立政治大學哲學學報》第 36 期，2016 年 7 月，頁 129（113～158）。

〔註10〕《孟子·告子上》，參見謝冰瑩、李鍌、劉正浩、邱燮友、賴炎元、陳滿銘：《新譯四書讀本》，臺北市三民書局，1999，頁 580。

四端是人之異於禽獸的特質，所以人的價值就在保住、發揮此一特質。於前一節可知，韓非子看待人性的觀點與傳統儒家觀點迥然不同，他認為人追求的東西就是「利」。

正因為韓非子在「群己」關係的考量上，抽離了仁義道德的框架，使得他在社會秩序上的看法也只以「利」作為實用價值的唯一考量。如《韓非子‧六反》言：

> 畏死、遠難，降北之民也，而世尊之曰「貴生之士」。學道、立方，
> 離法之民也，而世尊之曰「文學之士」。遊居、厚養，牟食之民也，
> 而世尊之曰「有能之士」。語曲、牟知，偽詐之民也，而世尊之曰「辯
> 智之士」。行劍、攻殺，暴憿之民也，而世尊之曰「磏勇之士」。活
> 賊、匿姦，當死之民也，而世尊之曰「任譽之士」。此六民者，世之
> 所譽也。赴險、殉誠，死節之民也，而世少之曰「失計之民」也。
> 寡聞、從令，全法之民也，而世少之曰「樸陋之士」也。力作而食，
> 生利之民也，而世少之曰「寡能之士」也。嘉厚、純粹，整穀之民
> 也，而世少之曰「愚戇之民」也。重命、畏事，尊上之民也，而世
> 少之曰「怯懾之民」也。挫賊、遏姦，明上之民也，而世少之曰「諂
> 讒之民」也。此六民者，世之所毀也。姦偽無益之民六，而世譽之
> 如彼；耕戰有益之民六，而世毀之如此：此之謂「六反」。布衣循私
> 利而譽之，世主聽虛聲而禮之；禮之所在，利必加焉。百姓循私害
> 而訾之，世主壅於俗而賤之；賤之所在，害必加焉。故名、賞在乎
> 私、惡當罪之民，而毀、害在乎公、善宜賞之士，索國之富強，不
> 可得也。

由上述可知，韓非子將當時被社會尊稱為貴生之士、文學之士、有能之士、辯智之士、磏勇之士、任譽之士的這六種人，視之為「姦偽無益之民」；相反的，他將被社會貶抑為失計之民、樸陋之士、寡能之士、愚戇之民、怯懾之民、諂讒之民的這六種人，歸之為「耕戰有益之民」。可見韓非子觀察分析列國政治的狀況，依舊鎖定在於國家之賞罰與一般世俗的毀譽評價兩相對反的問題上，韓非子以為，世人稱讚六種姦偽無益的人，卻詆毀對六種耕戰有益的人，這種毀譽觀點違反正道，若君主無法明察此問題，這種價值背反會造成的結果就是無法追求國家的富強。

《韓非子‧詭使》中也可找到於此一思想的文字：

夫立名號，所以為尊也；今有賤名輕實者，世謂之「高」。設爵位，所以為賤貴基也，而簡上不求見者，世謂之「賢」。威、利，所以行令也，而無利、輕威者，世謂之「重」。法令，所以為治也；而不從法令、為私善者，世謂之「忠」。官爵，所以勸民也；而好名義、不進仕者，世謂之「烈士」。刑罰，所以擅威也；而輕法、不避刑戮死亡之罪者，世謂之「勇夫」。

韓非子在本段詳細描述了統治者的需要，認為統治者之所以設立名位稱號、設定爵位、樹立威勢、建立法令、設定刑罰等等，都是為了使社會安定，使自己地位穩固，使人們有個正確的追求目標。然而事實上卻出現很多公然違反社會安定的行為與言論，人們反而大加讚揚。韓非子以為要解決這個價值觀紊亂、毀譽違反正道的辦法就是價值觀統一、讓國家的賞罰和世人的毀譽一致，因為如果放任世俗毀譽和國法賞罰分歧，當某個人雖然受到國家的刑罰，卻反而獲得世人的崇高評價；或是當某個人雖然受到國家的獎賞，卻反而被世人所唾棄嘲笑、輕視侮蔑，如此情況若不改善，不僅違反了講求尊君重國的實效本策，甚至等同否定了國家立名號、設爵位與立法令、設刑威的權威性，使得官爵之利、刑罰之威形同虛設，失去齊一全民的本有功能，國法的賞罰必然就會失去效用。

所以韓非子在《韓非子‧八經》提出「明主之道」說：

明主之道，賞必出乎公利，名必在乎為上。賞譽同軌，非誅俱行，然則民無榮於賞之內。

指出明君的做法必須是受獎賞者必定緣自於他對國家有功，受讚揚者必定緣自於他為君主效勞。獎賞和讚揚一致，貶斥和處罰並行；若反之，民眾雖然受到賞賜也不感到榮耀。在《韓非子‧五蠹》中也說：

故主施賞不遷，行誅無赦，譽輔其賞，毀隨其罰，則賢、不肖俱盡其力矣。

強調君主施行獎賞不隨意改變，執行刑罰不輕易赦免，對受賞的人同時給予榮譽，對受罰的人同時給予譴責。這樣一來，不管賢還是不賢的人，都會盡力而為了。

在此韓非子提出價值觀統一的辦法就是必須讓社會評價、世俗毀譽統合於國家的法律規範之中，而這個一統的價值觀只有一個唯一的目標：符合富國的實際利益。這裡不難看出韓非子想讓整個社會的價值觀整肅統一的企圖

心，也使得他的「群己」關係雖仍以「自利自為」為出發點，只是此一「利」的對象明顯是偏導至君主的立場。因為層次範圍拘限在君主之利，使得「政治運作」成為必要手段。關於此點，高柏園析論得十分清楚：

> 韓非不僅以此價值觀開展其理論學說，同時他也希望通過政治之運作，而將此價值觀推廣為每個人的價值觀，如此一方面可以使得所有人重利害而受法之賞罰的制約，另一方面也可以統一國家內的價值觀，而使國力得到高度的統合，而此二義皆是因其有現實之大利而為韓非所強調。〔註11〕

韓非子認為人性貪婪自私，「利」的追求便是價值所在，外在功利實效的獲致就是價值所在。但這裡就出現了一個嚴重的矛盾無法突破，這個嚴重的矛盾就是：人人都自私自利，但人人之社會角色不同，立場也相異，若是讓人人自為、各自牟取圖自身的利益，必會引起爭「利」的衝突，使得彼此之間的對立無法避免。

所以，依韓非子的人性觀，若人人只為為自己計算，便無法維繫群體的價值。所以個人私利必須統一一致，這個統一的目標便設定在只有超越在個人利益之上的君王或國家；而統一的方法就是把每一個人的私利導引向君王、國家群體的公利。這樣的統一概念，必須透過君王之政治權力，將人人異利的衝突加以泯滅，匯流於國家公利之中，如此才能朝著群體公利、君臣上下共有的價值目標前進，富國強兵也就指日可待。在這樣的觀點之下，前述儒家言的「禮義」已不能維持社會秩序，必須以更具強制性的法來執行。所以韓非子認為法比禮更為具體有效，更能保障私利的可行性，每個人只要願意為自己的私利奮鬥、努力，便可得到依法制訂的名利。國君執行法時，讓人民覺得沒有例外與僥倖，就會激發人民富國強兵的意志，國家必會往強盛的路上邁進。所以「法」取代了「禮」，成為價值之所在，韓非子在《韓非子·八經》再度以此觀點述明「有道之國」：

> 明主之國，臣不得以行義成榮，不得以家利為功，功名所生，必出於官法。法之所外，雖有難行，不以顯焉，故民無以私名。設法度以齊民，信賞罰以盡能，明誹譽以勸沮。名號、賞罰、法令三隅。故大臣有行則尊君，百姓有功則利上，此之謂有道之國也。

此段，韓非子指出明君的治國原則是，不允許臣下靠個人品行得到榮譽，

〔註11〕高柏園：《韓非哲學研究》，臺北市：文津出版社，1994，頁63。

不允許臣下因私家利益得到功名。功名的取得，必須根據國家的法制。在法制規定之外，即使有著別人難以具備的品行，也不能得到表彰；所以臣民就沒有因私利而得到名聲的。設立法度來統一民眾，用賞罰有信來發揮民眾的作用，用明確稱譽和貶斥的標準來鼓勵好事和禁止壞事。這樣的價值觀是把個人的榮辱都歸於君主的統一控制範圍，標準就是「尊君」、「利君」，並其統籌至「法」的強制力。

此一「法」思想因此固定在現實功利的價值觀上，價值的內涵，就此脫落了人心的自覺、精神理想上的實現，而重重的扎根進在現實情境利益最大化的實際層面上，故其價值觀已定位在：凡有助於君尊國強者，就有價值。

所以韓非子在《韓非子・外儲說左上》以下列寓言說明立場：

> 墨子為木鳶，三年而成，蜚一日而敗。弟子曰：「先生之巧，至能使木鳶飛。」墨子曰：「吾不如為車輗者巧也，用咫尺之木，不費一朝之事，而引三十石之任，致遠力多，久於歲數。今我為鳶，三年成，蜚一日而敗。」惠子聞之曰：「墨子大巧，巧為輗，拙為鳶。」

此段引用墨子做木鳶的故事來說明韓非子的現實功利的觀點。墨子跟弟子說明他製作木鳶，經過三年才製成，卻飛了一天就壞了；還不如製造車轅前端的橫木來得巧妙，可用短短幾尺長的木頭，不消一天的功夫，就能托運三十石的物品，送得遠，又力量大，且能用得久。「墨子大巧，巧為輗，拙為鳶」表面上是說明墨子的技術非常巧妙，卻巧於製造車輗，而拙於製造木鳶。深一層意涵則是在述明韓非子的價值觀，我們可從寓言中看出，韓非子把功利實效做為價值判斷的唯一標準。墨子製作的木鳶，看來十分精巧，可是對社會卻沒有實用功效，因此，從功利實效的角度看，木鳶的精巧不如車輗的實用。

二、國家公利至上

延續上述觀點，也可看出韓非子的思想中在對人、對言行的評價上，賦予於現實功效做為唯一價值。韓非子在《韓非子・問辯》中說：

> 夫言行者，以功用為之的彀者也。夫砥礪殺矢，而以妄發，其端未嘗不中秋毫也。然而不可謂善射者，無常儀的也。設五寸之的，引百步之遠，非羿、逢蒙不能必中者，有常儀的也。故有常，則羿、逢蒙以五寸的為巧；無常，則以妄發之中秋毫為拙。今聽言觀行，不以功用為之的彀，言雖至察，行雖至堅，則妄發之說也。

　　此段以射箭為例，強調言行要以功用作為它的目的。有固定的靶子，羿和逢蒙射中五寸的靶子就算是技藝高的；沒有固定的靶子，胡亂發射而射中微小的東西，仍然算是技藝差的。現在聽取言論，觀察行為，不把功用作為它的目的，言論雖然很明察、行為雖然很剛直，不過是些胡發亂射的言論。由此觀之，韓非子以為一切言行都以實際的功用為取捨標準。韓非子即基於此一實效之價值觀，反對儒者仁義之說，以其治道僅有適然之善，而無必然之功，韓非子的法理，就建立在這一功利主義的價值觀之上。〔註12〕

　　討論至此，可見韓非子認為人群生活都必須符合國君符合公利，並深信犧牲社會民眾之私利絕對可行，甚至把犧牲人民的生命也視為維持公利之必要措施之一，故韓非子在《韓非子・外儲說右下》云：

　　秦大饑，應侯請曰：「五苑之草蔬菜橡棗栗足以活民，請發之。」昭襄王曰：「吾秦法，使民有功而受賞，有罪而受誅。今發五苑之蔬果者，使民有功與無功俱賞也。夫使民有功與無功俱賞者，此亂之道也。夫發五苑而亂，不如棄棗蔬而治。」一曰：今發五苑之蓏蔬棗栗足以活民，是使民有功與無功爭取也。夫生而亂，不如死而治，大夫其釋之。

　　此段以秦國遇到嚴重饑荒，應侯請求開放五苑的瓜果蔬菜給災民。但是受到秦昭王拒絕，說法一是「若如果開放五苑的瓜果蔬菜給人民，會使得有功無功的百姓都會受到賞賜，如此會使國家混亂。」說法二是「如果命令開放五苑的瓜果蔬菜，倒也足以養活百姓，但卻會使有功的人和無功的人相互爭奪。與其讓他們活著而使國家混亂，不如讓他們死掉而使國家安定。」所以秦王要請求者放棄開放五苑的瓜果蔬菜的主張。

　　上述中「夫生而亂，不如死而治」的論述，是因為韓非子視國家法律為達公利之重要方法，為了追求公利的價值、維護國家法律，其他都可以犧牲，甚至是犧牲人民的生命也在所不惜。所以在韓非子眼中，法是長久、普遍的，維護了法也就等於是維護多數人長久的利益；而饑荒是暫時的，因饑荒而餓死的人民是少數的，所以寧可護法而不願救在饑荒之中痛苦的人民。這樣的說法顯示出韓非子的價值觀，也就是公利的價值超越一切，對於不合公利的言論也一律拒絕。

　　韓非子的觀點因為著重君國之公利價值觀，所以有獎勵農戰、禁抑儒俠

〔註12〕王邦雄：《韓非子的哲學》，頁122～123。

來符合富國強兵之「公利」，而富國強兵的根基又在農戰，所以凡有背於農戰之國本，均為韓非子所否定。〔註 13〕因此韓非子又在《韓非子‧五蠹》中指出五種蝕害國家的人（學者、言談者、帶劍者、患御者、商工之民）。〔註 14〕

　　他認為君主應該要在既有的權勢上推行法治，尤其應該特別重視農戰。因為務農以求富，力戰以求強，國家富強就是國力的展現，而「以法為教，以吏為師」、「尊耕戰之士」、「除五蠹之民」便是具體辦法。韓非子在《韓非子‧顯學》把此觀點說明得更清楚：

> 自愚誣之學、雜反之辭爭，而人主俱聽之。故海內之士，言無定術，
> 行無常議。……雜反之學不兩立而治。今兼聽雜學、繆行同異之辭，
> 安得無亂乎？

　　韓非子認為如果國君重視倡言仁義的儒墨之士，必有礙於耕戰政策的推動，因儒墨宣揚的世俗價值之毀譽，常與國法賞罰相對抗，形成兩套相互牽制的價值體系，會擊潰了國家的權威法治。如果君主尊信他們，將導致「言無定術，行無常議」，這就是國家亂亡的原因，故韓非子之法家思想不能容忍在國法之外另有一套儒墨的生命價值觀，必須把儒墨的世俗毀譽收在國法賞罰之中，國家的賞就是譽，國家的罰就是毀，這樣價值觀才能統一起來。〔註 15〕以「賞必出乎公利，名必在乎為上」的價值觀讓公利至上成人民的唯一信念，韓非子認為國家之內，不能出現可能妨礙「公利」的建言或思考模式。

　　從時代背景可知韓非子法治思想的出發點為保存韓國的生存，因此富國強兵就是其唯一目標，實現的途徑就是重農戰，即經濟上重農重耕、軍事上重兵重戰。韓非子認定國家一旦富強，才不致於受到他國侵害；國家百姓的生存、自由也才能受到保障。在此，將其「公利」專限定在從事農耕生產、衛國禦敵的行為範限內。韓非子認為國君應將人民的行為價值歸於至國家富強的價值上，並強調農和兵是國家富強的重要資本，所以國君應對農和兵優待

〔註 13〕王邦雄：《韓非子的哲學》，頁 127。

〔註 14〕「蠹，木料裡的蛀蟲，這裡用來比喻蝕害國家的人。所謂五種蠹民：學者，指儒家；言談者，指說客和縱橫家；帶劍者，指遊俠和墨家支派；患御者，指近幸的人；商工之民，指商人和工人為五種蠹民，也就是五種蝕害國家的人。」見賴炎元、傅武光：《新譯韓非子》，頁 707。

〔註 15〕王邦雄：〈從儒法之爭看韓非哲學的現代意義（上）〉，《鵝湖月刊》第 91 期，1983 年 1 月，頁 6（2～8）。

獎勵，使其能戮力於農戰，國君建立王業必定要靠這種重農耕輕儒的方法，是以韓非子在《韓非子·五蠹》中說：

> 故明主之國，無書簡之文，以法為教；無先王之語，以吏為師；無私劍之捍，以斬首為勇。是境內之民，其言談者必軌於法，動作者歸之於功，為勇者盡之于軍。是故無事則國富，有事則兵強，此之謂王資。既畜王資而承敵國之釁超五帝侔三王者，必此法也。

此段，韓非子舉出明君的國家裡，不用有關學術的文獻典籍，而以法令為教本；禁絕先王的言論，並以官吏為老師。言明國內民眾的一切言論都必須遵循法令，其根本就在於斷絕遠離農戰的儒墨言行，禁絕無法達到富國強兵的論述。此一觀點可在《韓非子·八說》中找到：

> 今世主察無用之辯，尊遠功之行，索國之富強，不可得也。博習辯智如孔、墨，孔、墨不耕耨，則國何得焉？修孝寡欲如曾、史，曾、史不戰攻，則國何利焉？匹夫有私便，人主有公利。不作而養足，不仕而名顯，此私便也；息文學而明法度，塞私便而一功勞，此公利也。錯法以道民也，而又貴文學，則民之所師法也疑；賞功以勸民也，而又尊行修，則民之產利也惰。夫貴文學以疑法，尊行修以貳功，索國之富強，不可得也。

韓非子認為像孔子、墨子那樣知識淵博、機智巧辯的人，根本不從事耕作，無法使國家在實際層面得到好處。像曾參、史鰌那樣講究孝道、清心寡欲的人也無參加戰役，無法使國家實質得到利益。韓非子認為個人有私利，君主有公利，但一切必須以公利至上。他甚至認為崇尚修身養性與使論功行賞乃是雙重標準，會嚴重妨礙國家的富強進程。

韓非子不僅僅以孔墨言行遠離農戰，無利於國之富強為由，甚至認為仁義美名會迷惑君主，使原本安於農戰之耕士也為之浮動，國家更是動盪不安。因為功利的價值觀導致韓非子認為儒家的仁義道德無用，相關說法可在《韓非子·五蠹》中找到：

> 今人主之於言也，說其辯而不求其當焉；其用於行也，美其聲而不責其功。是以天下之眾，其談言者務為辯而不周於用，故舉先王言仁義者盈廷，而政不免於亂；行身者競於為高而不合於功，故智士退處岩穴，歸祿不受，而兵不免於弱，政不免於亂。

此段批評稱頌先王、高談仁義的人充滿朝廷，使得政局仍混亂；立身處

世的人競相標榜清高，不去為國家建功立業。結果有才智的人隱居山林，推辭俸祿而不接受，而兵力仍不免於削弱。而兵力不免於削弱，則政局不免於混亂，可見韓非子基於現實功利的價值觀，反對儒家倡談的仁義道德，他以為仁義不能為治，儒墨顯學的主張將使國家造成政亂兵弱的狀態，必須捨棄迂緩的儒學仁義道德，專注於統一全國價值觀，齊一全國上下共同目標，以賞罰的方式驅使人民致力於農戰，公利至上，方可達到富國強兵之效、有利於君國，如此才是符合韓非子現實功利價值觀的表現。

在《韓非子・五蠹》中甚至可看出韓非子對儒家的無情批評：

> 儒以文亂法，俠以武亂禁，而人主兼禮之，此所以亂也。夫離法者
> 罪，而諸先生以文學取；犯罪者誅，而群俠以私劍養。故法之所非，
> 君之所取；吏之所誅，上之所養也。法、取、上、下，四相反也，
> 而無所定，雖有十黃帝，不能治也。

此段批評儒家利用文獻擾亂法紀，遊俠使用武力違犯禁令，而君主卻都要加以禮待，是國家混亂的根源。關鍵就在於韓非子的視域定位在「功利的價值觀」上，與儒家維持人倫禮義的精神價值完全不同。韓非子更進一步指出儒墨言必稱堯舜、論不離法古的說法乃是「愚誣之學」〔註16〕，而墨家類似儒家「法先王」的論證相關內容確實可從墨家的「三表法」〔註17〕中找到，其中第一表便是「本之於古者聖王之事」，說明了墨家以先王的學說做為其學說的依據。但是其實墨家的學說並非完全的「法先王」，此部分或可參酌《墨子・經下》中的這一段：

> 堯之義也，生於今而處於古。而異時。說在所義二。

說明堯的義行，名聲存在於今天，而實績存於古代，古今異時，道理就在於

〔註16〕「故孔、墨之後，儒分為八，墨離為三，取捨相反不同，而皆自謂真孔、墨，孔、墨不可復生，將誰使定世之學乎？孔子、墨子俱道堯、舜，而取捨不同，皆自謂真堯、舜，堯、舜不復生，將誰使定儒、墨之誠乎？殷、周七百餘歲，虞、夏二千餘歲，而不能定儒、墨之真；今乃欲審堯、舜之道於三千歲之前，意者其不可必乎！無參驗而必之者，愚也；弗能必而據之者，誣也。故明據先王，必定堯、舜者，非愚則誣也。愚誣之學，雜反之行，明主弗受也。」（《韓非子・顯學》）。

〔註17〕「言必有三表。何謂三表？子墨子言曰：『有本之者，有原之者，有用之者。於何本之？上本之於古者聖王之事。於何原之？下原察百姓耳目之實。於何用之？廢以為刑政，觀其中國家百姓人民之利。』」（《墨子・非命上》）。李生龍：《新譯墨子讀本》，頁219～220。

義具有名和實兩重關係。此段討論「義」的名實問題，雖屬邏輯類，但也提供了墨家認為「堯之義，是聲也於今，所義之實處於古」《墨子・經說下》的態度。只是要注意的是，墨家三表法中的第三表為「觀其中國家百姓人民之利」，看似與前述韓非子國家「公利」至上的說法近似，但是若對比墨家提倡「興天下之利，除天下之害」的實質內容，會覺察墨家所欲之「利」是「天下之大利」，並認為自利自為之心乃是亂之所自起，故欲治天下必使人人兼相愛、交相利並倡導非攻，〔註18〕顯然不同於韓非子將「國家百姓之利」等同於「國家公利」，甚而與「君王之利」相連結的思考進路。

其實，從前述韓非子的人性觀中把父子、夫婦、君臣關係都歸為「自利自為」、「挾自為心也」的設定來看，韓非子理想中的社會秩序，明顯不是靠人倫價值來維持的，而是靠法律來維持的。他反對無條件的滿足人民的慾望，但又主張法律必須要在一定的條件下，使人民的慾望得以滿足，他反對原有的社會階級，但並不是主張無階級的社會，而是要建立一個致力於耕戰的階級社會。〔註19〕只是在現實的政治環境下，國君和大臣，國君和百姓之間的利益是不同的，必然有衝突。韓非子強調「一於法」的概念，就是在衝突時，韓非子獨鍾於「公利」至上，認為如此才能維持良好的社會秩序、並導正國家一統之價值觀。

在戰國亂世局面下，韓非子基於功利的價值觀，必須要通過法的統一，才能把人民的私利導向君國的公利。在公利至上的前提下，個人的價值顯得渺小而不重要。而國家君主的公利在於國富兵強，因此，凡是無益於農耕、增強戰力的人都不應享有世俗的的盛名，應將社會的毀譽與國法的賞罰同一，使得韓非子功利的價值觀轉而勾勒成國家至上的治國方針，並意欲使其成為世人唯一信奉的標竿。

〔註18〕是故子墨子曰：「兼以易別。然即兼之可以易別之故何也？曰：藉為人之國，若為其國，夫誰獨舉其國以攻人之國者哉？為彼者由為己也。為人之都，若為其都，夫誰獨舉其都以伐人之都者哉？為彼猶為己也。為人之家，若為其家，夫誰獨舉其家以亂人之家者哉？為彼猶為己也，然即國、都不相攻伐，人家不相亂賊，此天下之害與？天下之利與？即必曰天下之利也。姑嘗本原若眾利之所自生，此胡自生？此自惡人賊人生與？即必曰非然也，必曰從愛人利人生。分名乎天下愛人而利人者，別與？兼與？即必曰兼也。然即之交兼者，果生天下之大利者與。」（《墨子・兼愛下》）。

〔註19〕王曉波：〈韓非的人性論社會論與歷史論〉，《食貨月刊》第12卷第2期，1982年5月，頁59（49～64）。

第四節　功利的歷史觀

一、變古治今之歷史觀

歷史觀乃思想家對於歷史所持的根本看法，是思想家根據歷史演變之現象或過程予以研究分析和詮釋，獲致某項結論以作為立說之根本。先以孔子的歷史觀為例，孔子曰：

> 天下有道，則禮樂征伐自天子出；天下無道，則禮樂征伐自諸侯出。自諸侯出，蓋十世希不失矣；自大夫出，五世希不失矣；陪臣執國命，三世希不失矣。天下有道，則政不在大夫。天下有道，則庶人不議。〔註20〕

從此段文章可看出孔子對天下態勢變化的觀點，認為周室東遷之後，原來的政治倫理規範已經不足於控制天下。春秋時期開始呈現禮崩樂壞，典章制度不再被尊崇，社會結構、政治倫理甚至經濟制度面臨全面潰堤，牟宗三謂之為「周文疲弊」。〔註21〕在這個混亂的時代裡，先秦諸子思想的蓬勃發展，就是為了想解決此一現象，紛紛提出變革意見和振衰起蔽之道。只不過儒、道、墨三家以法古為口號，認為古之世也治，今之世也亂，欲撥亂反正應該託古改制，主張復舊的法古；而韓非子依歷史的演繹方向，提出解決之道，貴在因時制宜、論事以為之備，是一種變古的歷史觀。〔註22〕

上述提到法家的歷史觀是「承認現狀，或有意無意中迎合未來之新趨勢而為之張目」，現以《史記・商君列傳》中的記載為例：

〔註20〕《論語・季氏》，參見謝冰瑩、李鍌、劉正浩、邱燮友、賴炎元、陳滿銘：《新譯四書讀本》，頁 258～259。

〔註21〕牟宗三說：「周文發展到春秋時代，漸漸的失效。這套西周三百年的典章制度，這套禮樂，到春秋的時候就出問題了，所以我叫它做『周文疲弊』。諸子的思想出現就是為了對付這個問題。」參見牟宗三：《中國哲學十九講》，臺北市：臺灣學生書局，2002，頁 60。

〔註22〕關於春秋戰國諸家政治思想，蕭公權分析更為精闢：「在此由封建天下轉為專制天下之過渡時期，政治思想之可能態度，不外三種。（一）對將逝之舊制度表示留戀，而圖有以維持或恢復之。（二）承認現狀，或有意無意中迎合未來之新趨勢而為之張目。（三）對於一切新舊之制度均感厭惡，而偏重個人之自足與自適。就其大體言之，儒墨二家同屬第一類，法家諸子屬第二類，道家之老莊及一切『為我』之思想家，獨善之隱君子，即皆屬第三類。」參見蕭公權：《中國政治思想史（上）》，臺北市：聯經出版事業公司，1991，頁 20。

孝公既用衛鞅，鞅欲變法，恐天下議己。衛鞅曰：「疑行無名，疑事無功。且夫有高人之行者，固見非於世；有獨知之慮者，必見敖於民。愚者闇於成事，知者見於未萌。民不可與慮始而可與樂成。論至德者不和於俗，成大功者不謀於眾。是以聖人苟可以彊國，不法其故；苟可以利民，不循其禮。」孝公曰：「善。」甘龍曰：「不然。聖人不易民而教，知者不變法而治。因民而教，不勞而成功；緣法而治者，吏習而民安之。」衛鞅曰：「龍之所言，世俗之言也。常人安於故俗，學者溺於所聞。以此兩者居官守法可也，非所與論於法之外也。三代不同禮而王，五伯不同法而霸。智者作法，愚者制焉；賢者更禮，不肖者拘焉。」杜摯曰：「利不百，不變法；功不十，不易器。法古無過，循禮無邪。」衛鞅曰：「治世不一道，便國不法古。故湯武不循古而王，夏殷不易禮而亡。反古者不可非，而循禮者不足多。」孝公曰：「善。」以衛鞅為左庶長，卒定變法之令。〔註23〕

這一段記載是商鞅在秦變法之前，與大臣甘龍、杜摯之對話，辯論是否必須變法之理由。商鞅提出了「三代不同禮而王，五伯不同法而霸」的說法，結論是「治世不一道，便國不法古」，其主要精神依據就是時移世轉，治國之道應隨之而異。其實商鞅一開始在魏國並沒有受到重用，才變轉而入秦，協助秦孝公實行變法，從而使秦國由弱變強，使得周天子不得不尊秦孝公為霸主，商鞅在秦變法圖強，使秦國躍居富強之霸。以此史實來看，商鞅變法的精神依據是成功的。

細看韓非子在《韓非子·五蠹》中的三段文字：

然則今有美堯、舜、湯、武、禹之道於當今之世者，必為新聖笑矣。是以聖人不期修古，不法常可，論世之事，因為之備。

故聖人議多少、論薄厚為之政。故罰薄不為慈，誅嚴不為戾，稱俗而行也。故事因於世，而備適於事。

故文王行仁義而王天下，偃王行仁義而喪其國，是仁義用於古不用於今也。故曰：世異則事異。當舜之時，有苗不服，禹將伐之。舜曰：「不可。上德不厚而行武，非道也。」乃修教三年，執乾戚舞，有苗乃服。共工之戰，鐵銛矩者及乎敵，鎧甲不堅者傷乎體。是乾

〔註23〕韓兆琦：《新譯史記（六）列傳一》，臺北市：三民書局，2008，頁 2942～2943。

　　咸用於古不用於今也。故曰：事異則備變。

　　韓非子使用了「論世之事，因為之備」、「事因於世，而備適於事」、「世異則事異」、「事異則備變」等等說法，細探究其主旨，可看出韓非子探究史實的論調乃是一種變古治今之歷史觀，可看成是商鞅之言更進一步的闡述與發揮。

　　前述已提到儒家的歷史觀屬於「對將逝之舊制度表示留戀，而圖有以維持或恢復之」這一類，但是若細部探究，荀子在此立論基礎上和儒家法先王之基調略顯不同。荀子重認知師法，具經驗主義性格傾向，另主法後王之說，在《荀子・非相》中說：

　　聖王有百，吾孰法焉？故曰：文久而滅，節族久而絕，守法數之有
　　司，極禮而褫。故曰：欲觀聖王之跡，則於其粲然者矣，後王是也。
　　彼後王者，天下之君也；舍後王而道上古，譬之是猶舍己之君，而
　　事人之君也。故曰：欲觀千歲，則數今日；欲知億萬，則審一二；
　　欲知上世，則審周道；欲審周道，則審其人所貴君子。……五帝之
　　外無傳人，非無賢人也，久故也。五帝之中無傳政，非無善政也，
　　久故也。禹湯有傳政而不若周之察也，非無善政也，久故也。傳者
　　久則論略，近則論詳，略則舉大，詳則舉小。愚者聞其略而不知其
　　詳，聞其詳而不知其大也。是以文久而滅，節族久而絕。

　　荀子認為聖明的帝王有上百個，若觀察聖明帝王的事跡，就得觀察其中清楚明白的人物，也就是要法後代的帝王。他認為伏羲、神農、黃帝、堯、舜這五位帝王之中沒有流傳到後世的具體政治措施，而詳究其原因，是因為時間久遠而無留下資料的緣故。可見若時間一長，流傳的東西就只能列舉它的大概；近代的事情，才能列舉它的細節。

　　由以上可知，荀子認為先王上古時代距離今世過於遙遠，久而略而不詳，一切法令制度終至淹沒、無從稽考；不若後王之世，因距離今世較近，一切均較易於察知。故荀子主張法後王，認為後王之法必由先王之治道逐漸累積改進而成，不僅可知其詳，亦可得其統。換句話說，後王於先王之道既有所因革損益，足見先王之道不足以適用於後王之世，故法先王不僅不可能，亦屬不必要。

　　對照《韓非子・外儲說左上》中的說法：

　　先王之言，有其所為小而世意之大者，有其所為大而世意之小者，

未可必知也。說在宋人之解書，與梁人之讀記也。故先王有郢書，

而後世多燕說。夫不適國事而謀先王，皆歸取度者也。

　　韓非子批評法先王的言論力道十分強烈，認為古事的時代久遠，就算在世流傳已久，但是根本無可證驗，很多內容失實錯亂，更有許多牽強附會的論述，未必可靠。韓非子特持「驗證」的眼光來觀歷史流變，可見韓非子的歷史觀緊扣住功利實用的兩大特色：「與時俱進」、「可驗證」。

　　《韓非子》繼承法家傳統，對於歷史的變動規律也有其看法，如《韓非子・五蠹》中說：

上古競於道德，中世逐於智謀，當今爭於氣力。

韓非子認為上古時候人們在道德上競爭高下，中古時候人們在智謀上角逐優劣，當今社會人們在力量上較量輸贏。

　　《韓非子・八說》中則說：

古人亟於德，中世逐於智，當今爭於力。古者寡事而備簡，樸陋而

不盡，故有珧銚而推車者。古者人寡而相親，物多而輕利易讓，故

有揖讓而傳天下者。

這段不只說明古代的人在道德上競爭，中世的人在智謀上角逐，現在的人在力量上較量。更指出古時候人少而互相親愛，物品豐富而輕視財利、容易謙讓，所以有拱手把天下讓給別人的作法。韓非子指出觀察歷史的演化，應當審度不同階段客觀情勢之變易，而有各當其時的治理措施。其學說對於「道德」採取一貫反對的立場，並提出了上古「物多而輕利易讓」的說法，可見韓非子歸納演化的歷史變動規律已有針對人口多寡、財貨是否充足的因素考量，也就是說其乃依物質條件及經濟生活條件的變化為依據，所以《韓非子・五蠹》中說：

古者，丈夫不耕，草木之實足食也；婦人不織，禽獸之皮足衣也；

不事力而養足，人民少而財有餘，故民不爭；是以厚賞不行，重罰

不用，而民自治。今人有五子不為多，子又有五子，大父未死而有

二十五孫；是以人民眾而貨財寡，事力勞而供養薄，故民爭；雖倍

賞累罰，而不免於亂。

　　此段說明在古代，男人不用耕種，野生的果實足夠吃；婦女不用紡織，禽獸的皮足夠穿。不用費力而供養充足。人口少而財物有餘，所以人們之間用不著爭奪。但是現今人口多了，而財物缺乏；費盡力氣勞動，還是不夠吃

用。所以民眾互相爭奪，即使加倍地獎賞和不斷地懲罰，結果仍然免不了要發生混亂。

可見韓非子認為物質是否充足乃是造成爭奪的主要因素，對照《韓非子・五蠹》的另一段來看：

> 堯之王天下也，茅茨不翦，采椽不斲；糲粢之食，藜藿之羹；冬日麑
> 裘，夏日葛衣；雖監門之養，不虧於此矣。禹之王天下也，身執耒臿，
> 以為民先，股無胈，脛不生毛，雖臣虜之勞，不苦於此矣。以是言之，
> 夫古之讓天子者，是去監門之養，而離臣虜之勞也，故傳天下而不足
> 多也。今之縣令，一日身死，子孫累世絜駕，故人重之。是以人之於
> 讓也，輕辭古之天子，難去今之縣令者，薄厚之實異也。

於此，韓非子以為堯之王天下，所得不過監門之養，收入微薄，衣食極為刻苦簡樸；禹之王天下，為了治水四處辛苦奔波，生活有如奴僕般辛苦勞累，因此，揖讓天下並不是困難的事，也就不值得稱許。而韓非子所處之當今之世，就算是小小的縣令，死後仍使得子孫數代衣食不虞匱乏，足見其豐厚的酬勞。因此，人們對於「讓位」之事也有古今之差別：古人可以輕易地辭掉古代的天子，今人卻難以捨棄今天的縣官；原因即在其間實際利益的大小很不一樣。韓非子的人性觀是自利的、自為的，所以當時代的轉變造成了物質條件、經濟條件的更動，人們為了求取自己的利益，行為自然不會和過去相同。針對古傳堯舜的讓天下事蹟，韓非子採用古今不同的時空背景的觀點去解讀，並滲入了經濟條件的變因，使得韓非子的歷史觀在「與時俱進」、「可驗證」的前提下，出現了「變古治今」的立場，依舊符合其人性觀主軸：「功利的價值觀」。

二、變古治今的政治運用

而從人性功利的價值觀一路走向變古治今的歷史觀，韓非子的政治運用也循著此一路線前進，此部分明顯有承繼法家先學的痕跡，如《商君書・開塞》中說：

> 上世親親而愛私，中世上賢而說仁，下世貴貴而尊官。……此三者，
> 非事相反也，民道弊而所重易也，世事變而行道異也。故曰：王道
> 有繩。〔註24〕

〔註24〕賀凌虛：《商君書今註今譯》，臺北市：臺灣商務印書館，1987，頁73。

商鞅主張將歷史劃分為上世、中世、下世，指出不同的世代有不同的情境，隨外在情境的變動而治民之法亦當隨之而變革。這三個不同時代，不是做的事互相違背，而是人們原來遵循的規則出現問題，而關鍵在於人們檢視事物的角度產生變化；歸根究柢在於社會形勢有所遷移，而人們所要行事的標準也就隨之變動了。「王道有繩」此句強調統治天下則要符合此一標準。

　　韓非子明顯受其影響，主張變古以治今，治理方式必須依時勢轉變，如果不知權變將造成國家社會動盪紛亂，無可治理，所以《韓非子·五蠹》中說：

> 上古之世，人民少而禽獸眾，人民不勝禽獸蟲蛇；有聖人作，構木為巢，以避群害，而民悅之，使王天下，號之曰「有巢氏」。民食果、蓏、蚌、蛤、腥、臊、惡、臭，而傷害腹胃，民多疾病；有聖人作，鑽燧取火，以化腥臊，而民說之，使王天下，號之曰「燧人氏」。中古之世，天下大水，而鯀、禹決瀆。近古之世，桀、紂暴亂，而湯、武征伐。今有構木鑽燧於夏后氏之世者，必為鯀、禹笑矣；有決瀆於殷、周之世者，必為湯、武笑矣。然則今有美堯、舜、禹、湯、武之道於當今之世者，必為新聖笑矣。是以聖人不期循古，不法常行，論世之事，因為之備。宋人有耕者，田中有株，兔走觸株，折頸而死，因釋其耒而守株，冀復得兔；兔不可復得，而身為宋國笑。今欲以先王之政，治當世之民，皆守株之類也。

　　韓非子將古代歷史分為上古之世、中古之世、近古之世及當今之世。他將人類剛進入巢居和用火的時代稱之為「上古之世」；將傳說中的洪水時期稱之為「中古之世」；另將夏至西周的時期稱之為「近古之世」；韓非子將自己所處的戰國時代稱之為「當今之世」。此四者時代不同，每一代的君王所面臨的時代狀況都不同，所以韓非子以為君王在政治上的運作必須因應當時的情況加以變革。所以王邦雄說：「此一歷史觀的樞紐，僅在客觀情境的更移。」〔註25〕也就是說，韓非子以外在環境的變化來審視政治運作的方式，仍在功利實用的範圍內著墨而已。

　　《韓非子·外儲說左上》另可找到兩個寓言來闡述其思想：

> 鄭縣人卜子使其妻為袴，其妻問曰：「今袴何如？」夫曰：「象吾故袴。」妻因毀新，令如故袴。

〔註25〕王邦雄：《韓非子的哲學》，頁138。

鄭人有欲買履者，先自度其足，而置之其坐。至之市，而忘操之；

已得履，乃曰：「吾忘持度，反歸取之。」及反，市罷，遂不得履。

人曰：「何不之以足？」曰：「寧信度，無自信也。」

第一段說鄭縣有個叫卜子的人，叫他的妻子做褲子，他妻子問該褲子做成什麼樣子？卜子說：「像我的舊褲子。」卜子的妻子因而把新褲子弄破，使它像舊褲子。第二段說鄭國有個打算買鞋的人，先自己量好腳的尺碼卻忘了帶上。為了返回家裡去取，卻錯過集市的營業時間，所以沒有買到鞋。韓非子藉由這兩則小故事，點出不知變通、捨本逐末的可笑之處。所以韓非子在政治運作的層面上，對「法古」的態度頗不以為然，《韓非子‧八說》中可找到類似觀點：

然則行揖讓，高慈惠，而道仁厚，皆推政也。處多事之時，用寡事

之器，非智者之備也；當大爭之世，而循揖讓之軌，非聖人之治也。

故智者不乘推車，聖人不行推政也。

韓非子認為行禮謙讓，推崇仁慈恩惠，稱道仁義忠厚，就都屬於原始的政治措施。處在多事的時代，卻仍用少事時代的簡陋器具，這不是聰明人該奉行的路線；處在大爭的社會，卻仍遵循禮讓不止的老規矩，這不是聖人治理國家的方法。從此段可看出韓非子反對道德的主要原因：道德僅僅適合用於上古時代，物質豐富、人民不爭的時代。這裡必須要再探究另一個議題，也就是「韓非子是全面的反對古法嗎？」但是若再細部分析韓非子的思想，會覺察其實不然。《韓非子‧南面》中說：

不知治者，必曰：「無變古，無易常。」變與不變，聖人不聽，正治

而已。然則古之無變，常之毋易，在常古之可與不可。伊尹毋變殷，

太公毋變周，則湯、武不王矣。管仲毋易齊，郭偃毋更晉，則桓、

文不霸矣。

韓非子舉伊尹、太公、管仲、郭偃為例，說明唯有變古乃才可適應時勢之需，乃可成王霸之業。值得注意的是，韓非子以「常古之可與不可」做為「變與不變」為前提，也就是必須就具體的歷史情況、社會現狀來決定變與不變，不是非得一定要變或一定不要變。若有不好的規範，不可因循苟且；相反的，若有好的傳統亦可保留。由此可知，韓非子雖主張變古治今的政治運作，但並非認定一切治道皆須變異或古代聖賢任何觀念皆不可取，韓非子在實際的政治運作上仍然保留運用的彈性，也就是「正治而已」。

只能說在韓非子所處之亂世，他認為道德無用，《韓非子・五蠹》中說：

> 當舜之時，有苗不服，禹將伐之，舜曰：「不可。上德不厚而行武，
> 非道也。」乃修教三年，執干戚舞，有苗乃服。共工之戰，鐵銛距
> 者及乎敵，鎧甲不堅者傷乎體，是干戚用於古，不用於今也。故曰：
> 事異則備變。

此段說在舜當政的時候，苗族不馴服，他於是便用三年時間加強德教使苗族終於歸服了。但到了共工之戰卻已經是完全不適用了，所以韓非子認為盲目以古法治今，是根本不可為且不明智的事。那麼在韓非子眼中，古今的差異究竟在哪裡呢？可在《韓非子・外儲說左上》找到「仁義用於古，而不用於今」以及「當今爭於力」的觀念：

> 宋襄公與楚人戰於涿谷上，宋人成列矣，楚人未及濟。右司馬購強
> 趨而諫曰：「楚人眾而宋人寡，請使楚人半涉未成列而擊之，必敗。」
> 襄公曰：「寡人聞君子曰：『不重傷，不擒二毛，不推人於險，不迫
> 人於阨，不鼓不成列。』今楚未濟而擊之，害義；請使楚人畢涉成
> 陣，而後鼓士進之。」右司馬曰：「君不愛宋民，腹心不完，特為義
> 耳。」公曰：「不反列，且行法。」右司馬反列，楚人已成列撰陣矣，
> 公乃鼓之。宋人大敗，公傷股，三日而死。此乃慕仁義之禍。

此段舉宋襄公無視於現實狀況，堅持所謂的「君子曰」，以搏得仁義的美名，但他不知變通的結果卻是宋軍大敗，自己也受傷身亡。所以韓非子認為隨著時代不同，治國之道也必須應時而變，故《韓非子・心度》曰：

> 治民無常，唯治為法。法與時轉則治，治與世宜則有功。故民樸而
> 禁之以名則治，世智而維之以刑則從。時移而法不易者亂，世變而
> 禁不變者削。故聖人之治民也，法與時移，而禁與世變。

所以治理民眾沒有一成不變的常規，只有法度才是治世的準則。法度順應時代變化就能治理國家，統治方式適合社會情況就能收到成效。所以聖人治理民眾，法制和歷史時期同步發展，必須要有符合時代需要的政治思想與制度，國家才能強盛。對照《韓非子・有度》中言：

> 國無常強，無常弱。奉法者強，則國強；奉法者弱，則國弱。

「強」，為不曲法從私〔註26〕。對照之前提到的「好利惡害，夫人之所有也。……喜利畏罪，人莫不然。」（《韓非子・難二》）來看，韓非子當時的邏輯，認為

〔註26〕王先慎著，鍾哲點校：《韓非子集解》，頁31。

在「當今爭於力」的情況下，只有利用「自利自為」的人性特質，以賞罰為手段來進行統治，才能達到維持社會秩序、富國強兵的目的。關於此一部份，姚蒸民說得好，他說：「利用人類好利惡害之自為心，來實行賞罰，來達成國家之公利。」〔註27〕從此處可看出在韓非子的政治運用上是希冀運用賞罰來達到國家整體目標：「公利至上的價值觀」。不僅僅如此，韓非子更以自利自為的人性觀認定「霸王者，人主之大利也；富貴者，人臣之大利也。」（《韓非子・六反》）指出臣子要富貴，君主要霸王，此二者乃是互蒙其利，韓非子理論中的君臣關係就是在這樣的彼此計較當中去建構的。如《韓非子・顯學》所言：

> 故有術之君，不隨適然之善，而行必然之道。

韓非子觀察歷史事件仍以人心求利的觀點去思考、詮釋，認為有術之君不會隨著偶然的善去施行，而是行必然之道。此即可致「君不仁，臣不忠，則可以霸王」之理想。韓非子認為國家沒有永久的強、也沒有永久的弱。執法者強國家就強，執法者弱國家就弱。可見韓非子不僅認定禮樂仁義之道不適用於戰國之世，即便是採用法治主義，以法度賞罰為治國準繩，仍然得因應時勢所需而作出適度的變革不可。綜合以上，可知韓非子變古治今的歷史觀重視外在的物質條件和經濟因素，認為在不同的經濟環境下，治國之道自然得要因應時代的要求與時俱進。這個部分，等同他認定外在情勢是主導人類歷史的主要動力，缺乏關懷人心精神理想的需求。他將認定的「自利自為」人性觀作為基礎論點，擴散到他的價值觀、歷史觀，把其最關鍵的政治運作終結歸到「法」，依舊環繞在功利的價值上：奉法者強，則國強。

因為《韓非子》中的論述總是緊扣著「富國強兵」相關議題，又無如《荀子・性惡》專門論述人性的篇章，使得他的學術思想總被歸為「如何致富強？」或「如何建立一有力統治？」〔註28〕可見韓非子的「基源問題」確實可能是透過管理「群」而達到「富國強兵」此一目的性上。而他韓國王室的身分，或許使他明顯以「君」的視域來瞭解、掌握並管理「群」。在韓非子思想中，所有對人性觀察所做的設定甚至衍生的視域，均是以達到富國強兵目標而形塑出的實用價值工具。

〔註27〕姚蒸民：《法家哲學》，頁94。
〔註28〕勞思光：《新編中國哲學史（一）》，頁353。

第四章　荀子的人性視域

第一節　荀子論心

　　在第二章已經討論了荀子學說中的人性論（性惡論），提出了在荀學當中，「以欲為性」的說法是可以被認同的，那麼對照《荀子·正名》中所提到的：

> 心之所可中理，則欲雖多，奚傷於治？欲不及而動過之，心使之也。
>
> 心之所可失理，則欲雖寡，奚止於亂？

荀子認為「欲」的控制關鍵在於「心」，並依此提出此為「治」、「亂」的關鍵，而「治」、「亂」就是界定「善」、「惡」的關鍵，所以要掌握荀子學說中的人性視域，就必須先了解荀子學說中的「心」。在《荀子》可見「心」與人生理的官能並列的狀況，如《荀子·性惡》提到：

> 目好色，耳好聽，口好味，心好利，骨體膚理好愉佚，是皆生於人之情性者也。

《荀子·王霸》中也有類似的用法：

> 人之情，口好味，而臭味莫美焉；耳好聲，而聲樂莫大焉；目好色，而文章致繁，婦女莫眾焉；形體好佚，而安重閑靜莫愉焉；心好利，而穀祿莫厚焉。
>
> 夫人之情，目欲綦色，耳欲綦聲，口欲綦味，鼻欲綦臭，心欲綦佚。
>
> 此五綦者，人情之所必不免也。

此可和《荀子·正論》中也提到的「五綦」的一段文字對照來看：

然則亦以人之情為目不欲綦色，耳不欲綦聲，口不欲綦味，鼻不欲

綦臭，形不欲綦佚，此五綦者，亦以人之情為不欲乎？

由「心欲綦佚」和「形不欲綦佚」相對照，「心」的意義中有非抽象實體的概
念含括其中。那就表示「心」是有形體的，而且荀子認為「心欲綦佚」就等同
「形欲綦佚」，明顯意味著「心」對於「形」有主宰能力。既然已經確定「心」
在形體上有意義，那麼「心」應該和其它官能一樣有其能力，我們可以在《荀
子》中找到它的能力：

若夫目好色，耳好聽，口好味，心好利。（《荀子‧性惡》）

目好之五色，耳好之五聲，口好之五味，心利之有天下。（《荀子‧
勸學》）

故人之情，口好味，而臭味莫美焉；耳好聲，而聲樂莫大焉；目好
色，而文章致繁，婦女莫眾焉；形體好佚，而安重閑靜莫愉焉；心
好利，而穀祿莫厚焉。（《荀子‧王霸》）

其中「心好利，而穀祿莫厚焉」顯示出「心」在形體上若和官能並列，那就和
其它官能一樣，它的能力就是「好利」。《荀子‧修身》裡也提到：

君子之求利也略，其遠害也早，其避辱也懼，其行道理也勇。

「心」在外在會展現的欲望就是「行道理」與「避辱」，而這兩種狀況是源自
於「心」的「求利」和「遠害」。《荀子》中的「心」在形體上的意義和其它官
能並無不同。但是對比《荀子‧天論》中提到：

天職既立，天功既成，形具而神生，好惡喜怒哀樂臧焉，夫是之謂
天情。耳目鼻口形能各有接而不相能也，夫是之謂天官。心居中虛，
以治五官，夫是之謂天君。

會覺察荀子將「心」稱為「天君」，刻意與其他官能區別。若跟《荀子‧解蔽》
〈中提到一段對照來看：

心者，形之君也，而神明之主也，出令而無所受令。自禁也，自使
也，自奪也，自取也，自行也，自止也。

王先謙註釋「心者，形之君也，而神明之主也，出令而無所受令。」這一段為
「心出令以使百體，不為百體所使也」，表示荀子已明確的提出「心」有跳脫
出形體的意義，而在形體外另有意義，就是能出令使百體。王氏又註釋「自
禁也，自使也，自奪也，自取也，自行也，自止也」說：「此六者，皆由心使

之然，所以為形之君也。」〔註1〕其中梁啟雄注解「神明」是「心中的睿智」。〔註2〕所以，可見《荀子》中的「心」有跳脫出形體的意義，而另有其形而上的意義，這裡所指的「形而上」，乃是指一種「理性」，就是純粹個人的思考或思辨活動，這種「理性」為「心」的「形上義」。這和西方哲學中所說的「理性（神）」（Logos 或 Nous）不同（指的是無質料且為純形式的世界理性）。〔註3〕而這種「理性」對照《荀子・解蔽》中所言：

> 故口可劫而使墨云，形可劫而使詘申，心不可劫而使易意，是之則受，非之則辭。故曰：心容，其擇也無禁，必自現，其物也雜博，其情之至也不貳。

王忠林就將「故曰：心容，其擇也無禁，必自現，其物也雜博，其情之至也不貳」解釋為「所以，心靈狀態，它的抉擇沒有禁限，必然自動表現，心中所藏的非常雜多，而它的精專之至卻不二心」〔註4〕。這裡點出了「心」的「抉擇」，與其它官能的不同。

在第二章討論「性惡」的時候，已經說過其實質內涵為「性的發展是惡」，也討論過人的「欲」往往是無窮無盡的。欲望無窮盡的後果，會出現許多禍端，如《荀子・正名》中所提：

> 志輕理而不重物者，無之有也；外重物而不內憂者，無之有也；行離理而不外危者，無之有也；外危而不內恐者，無之有也。心憂恐，則口銜芻豢而不知其味，耳聽鐘鼓而不知其聲，目視黼黻而不知其狀，輕煖平簟而體不知其安。……故欲養其欲而縱其情，欲養其性而危其形，欲養其樂而攻其心，欲養其名而亂其行，如此者，雖封侯稱君，其與夫盜無以異；乘軒戴絻，其與無足無以異。夫是之謂以己為物役矣。

這樣的人，只一直想追求欲望而不知滿足，所以反倒被物質欲望所控制著。所以荀子才會提倡「節欲」和「導欲」，如《荀子・正名》中說：

> 欲雖不可盡，可以近盡也。欲雖不可去，求可節也。所欲雖不可盡，求者猶近盡；欲雖不可去，所求不得，慮者欲節求也。道者、進則

〔註1〕王先謙：《荀子集解》，頁397～398。
〔註2〕梁啟雄：《荀子簡釋》，頁296。
〔註3〕姚厚介：《西方哲學史》，第二卷，《古代希臘與羅馬哲學（下）》，南京：鳳凰出版社，江蘇人民出版社，2005，頁761～762。
〔註4〕王忠林：《新譯荀子讀本》，頁327。

近盡，退則節求，天下莫之若也。

羅光解釋這段：

> 按照心理學來說，有欲和無欲是兩個不相同的特性，跟本性相連，
> 不能從有欲而變成無欲。欲多或欲少，也是兩個不同的特性，和本
> 性相連，也不能由從多欲而變成少欲。唯一的辦法，於導欲或節欲，
> 即是由心按照生活之道去導引欲之動或節制欲之動。〔註5〕

依羅光所言，荀子認為人能作自己的主人，關鍵在於心。這一點符合於《荀子・正名》所說的：

> 心平愉，則色不及傭而可以養目，聲不及傭而可以養耳，蔬食菜羹
> 而可以養口，……夫是之謂重己役物。

而事實上，「節欲」和「導欲」是很困難的。「心」的「好利」和「遠害」，跟想要滿足自己的「欲」，糾結在一起的時候，「利」和「害」實在很難劃分。《荀子・正名》就提到：

> 凡人之取也，所欲未嘗粹而來也；其去也，所惡未嘗粹而往也。故
> 人無動而不可以不與權俱。

荀子說的「權」是指「權衡」，這是「心」在外在顯示出的獨特能力，能夠在官能之間的衝突找出平衡點。羅光也說：

> 但是欲之動，即人的官能因欲而動時，則受心的管制，心可以導引
> 或制止欲之動。心按著什麼標準去管制欲之動呢？以道為標準。好
> 比權重，應以度量衡為標準。〔註6〕

「權」需要「標準」才能「取捨」，「權」的標準是「道」。那麼《荀子》中的「道」是指什麼呢？可以在《荀子・儒效》中看到：

> 先王之道，人之隆也，比中而行之。曷謂中？曰：禮義是也。

《荀子・彊國》中也提到：

> 道也者，何也？禮義、辭讓、忠信是也。

荀子提出的重點是「權」需要「標準」，這一個標準就是「道」，而「道」就是「禮義」。荀子的理論向來是依經驗為主，必然觀察出人人對於「權」的標準不一，因為唯有外在的標準才客觀，所以荀子便提出以禮義為尺度。依現實，人的內在動力無法完全客觀，荀子認定只有制訂客觀的禮義來規範才

〔註5〕羅光：《羅光全書》，六冊，《中國哲學思想史・先秦篇》，頁636。
〔註6〕羅光：《羅光全書》，六冊，《中國哲學思想史・先秦篇》，頁368。

符現實所需。更何況，若把「心」的蔽患也考慮進去，就會知道人光靠內在主
動性是不夠的，如唐君毅所說：

> 孟荀之異，在孟子即心言性，而荀子分心與性為二，乃與莊子之別
> 一般之心知於性有相類處。然莊子外篇，以去性而從心，為世之衰，
> 乃尊性而抑，又與荀子為對反。〔註7〕

在唐君毅的觀念裡，點出孟荀理論的根本不同在於「心」與「性」關係，而認
為荀子的「心」類似《莊子》中的「心」。唐氏這樣描述《莊子》的「心」：

> 莊子所視為可與性相違之心知，則初為一認識上向外尋求逐取，而
> 思慮預謀之心知。〔註8〕

把這一段和《荀子‧不苟》中提到的「權」相比較：

> 欲惡取捨之權：見其可欲也，則必前後慮其可惡也者；見其可利也，
> 則必前後慮其可害也者，而兼權之，孰計之，然後定其欲惡取捨。

在這裡，荀子指出是「權」的過程需要「慮」，再加以唐氏解釋《莊子》中的
「心」。可以說「權」的基礎在「知」，要先能「知」，才能「思慮預謀之心知」。
能「知」先前的官能所累積的經驗並相互統合，才能「慮」，進而能「權」。
「權」是外在能看到的取捨現象，而其中複雜的過程乃是「心」的能力建構
而成的，那就是「知」和「慮」。

《荀子‧解蔽》中說：「凡以知，人之性也；可以知，物之理也。」又說
「心生而有知。」荀子論人的知，常強調與動物求生的基本生存之理不同。
如《荀子‧王制》說：

> 水火有氣而無生，草木有生而無知，禽獸有知而無義，人有氣、有
> 生、有知，亦且有義，故最為天下貴也。

《荀子‧禮論》也說：

> 凡生天地之間者，有血氣之屬必有知，有知之屬莫不愛其類。今夫
> 大鳥獸則失亡其群匹，越月踰時，則必反鉛；過故鄉，則必徘徊焉，
> 鳴號焉，躑躅焉，踟躕焉，然後能去之也。小者是燕爵，猶有啁噍
> 之頃焉，然後能去之。故有血氣之屬莫知於人，故人之於其親也，
> 至死無窮。

〔註7〕唐君毅：《唐君毅全集》，卷十三，《中國哲學原論‧原性篇》，臺北市：臺灣
　　　　學生書局，1991，頁65。
〔註8〕唐君毅：《唐君毅全集》，卷十三，《中國哲學原論‧原性篇》，頁56。

荀子並非將人的知完全排除掉求生的基本生存之理，比方說《荀子‧正名》
中提到：

> 然則何緣而以同異？曰：緣天官。……形體、色理以目異；聲音清
> 濁、調竽、奇聲以耳異；甘、苦、鹹、淡、辛、酸、奇味以口異；
> 香、臭、芬、鬱、腥、臊、漏庮、奇臭以鼻異；疾、癢、凔、熱、
> 滑、鈹、輕、重以形體異；說、故、喜、怒、哀、樂、愛、惡、欲
> 以心異。心有徵知。徵知，則緣耳而知聲可也，緣目而知形可也。
> 然而徵知必將待天官之當簿其類，然後可也。五官簿之而不知，心
> 徵知而無說，則人莫不然謂之不知。此所緣而以同異也。

這裡所說的「知」，其實就是有包含人與求生的基本生存之理，所以，楊倞注
曰：「天官，耳目鼻口心體也。」〔註9〕此乃就心的形體義而言。其中，「緣」
可解釋「沿著或靠著」的意思。類似用法在《荀子》中可見：

> 凡緣而往埋之，反無哭泣之節。（《荀子‧禮論》）

> 限之以鄧林，緣之以方城。（《荀子‧議兵》）

有些學者，覺得這與《荀子‧解蔽》所言「心者，形之君也，而神明之主也。」
有所衝突。如龍宇純說：

> 楊注曰：「天官，耳目鼻口心體也。」宇純按：注當云天官，耳目鼻
> 口心體也。心為天君，不在官之列。〔註10〕

這明顯是未將「心」的形體義和形上義分別開來的誤認。荀子將人的知所討
論的範圍，著重於討論在「形而上」的部分（例如：義），而非「形而下」的
器物（因為這個部分乃是人與禽獸無異的）。

　　梁啟雄把「然而徵知必將待天官之當簿其類，然後可也。五官簿之而不
知，心徵知而無說，則人莫不然謂之不知。此所緣而以同異也。」中的「簿」
注為：「簿、當讀為易說卦：『雷風相薄』之『薄』。薄、接觸也。」〔註11〕梁
啟雄會這麼解釋，可能是因為「薄」字在《荀子》書中出現次數較多。若將
「薄」當動詞用，《荀子‧天論》言：「故水旱未至而飢，寒暑未薄而疾，祅怪
未至而凶」的「薄」也只是「接近」的意思。而楊倞則注：「簿，簿書也。當

〔註9〕王先謙：《荀子集解》，頁415。

〔註10〕龍宇純：《荀子論集》，臺北市：學生書局，1987，頁218。

〔註11〕梁啟雄：《荀子簡釋》，頁313。

簿，謂如各主當其簿書，不雜亂也。」〔註12〕楊倞所注較符合荀子原義，因
為若只是以「接觸」來言人之知，那麼只停留在生物階段的知。但是，以「簿
書」言，則有記錄下所有官能的感應，以作為日後判斷基礎之義，和荀子所
言「天君」和「天官」的關係，是較為符合的。

　　至於「五官簿之而不知，心徵知而無說，則人莫不然謂之不知」中的「徵
知」，此乃是《荀子》中對「知」最重要的一段論述。但是對於「徵」字，各
家說法不盡相同，如胡適認為：

　　　　徵，本意有證明之意。〔註13〕

楊倞注曰：

　　　　徵，招也。言心能招萬物而知之。〔註14〕

陳大齊則採折衷看法：

　　　　把徵字解作證明，固無不可。……在文義上，不若舊說釋為召字之
　　　　順當。……釋徵為招，足以闡發欲知與不欲知之權完全操之於心，
　　　　此與荀子『心者，形之君也，而神明之主也，出令而無所受令』的
　　　　主張正相符合。〔註15〕

這些爭議雖然無損荀子學說的主要精神。但是依照《荀子》中的「徵」字，大
多都是以「徵兆」或「徵據」的意思使用，如《荀子·性惡》就有兩處：

　　　　是性偽之所生，其不同之徵也。

　　　　故善言古者，必有節於今；善言天者，必有徵於人。凡論者貴其有
　　　　辨合，有符驗。

所以這裡的「徵知」，若以胡適所言的「證明」之意，則能表現出人的知乃是
「有辨合，有符驗」，也就是具有客觀的正確性。再者，後文中「心徵知而無
說」的「說」這裡當做「辨說」。因為在《荀子·正名》中運用「辨說」一詞
的次數頗多，也可以找到「辨說」和心的關係：

　　　　辨說也者，心之象道也。心也者，道之工宰也。道也者，治之經理
　　　　也。心合於道，說合於心，辭合於說。

荀子應該還是以強調有客觀性的符驗才能去「說」，沒有「說」，那麼人就不

〔註12〕王先謙：《荀子集解》，頁417～418。

〔註13〕胡適：《中國哲學史大綱》（外一種），河北：河北教育出版社，2002，頁245。

〔註14〕王先謙：《荀子集解》，頁417。

〔註15〕陳大齊：《荀子學說》，臺北市：中國文化大學，1989，頁47～48。

算真的「知」。所以胡適的說法，將「徵」解釋為「證明」，能使前後文義更具完整性。

　　簡單的說，《荀子》所言人的「心」有「知」，而「知」是以其官能為基礎來認識外物，人可以把其官能經驗記錄下來，然後以客觀的證據來「徵知」，還要用「說」來做概念的澄清或界定。所以，荀子所言的「心知」確實是人的獨到之處，不與一般生物的「知」相提並論。再者對照荀子在《荀子‧正名》提到：

> 生之所以然者謂之性；性之和所生，精合感應，不事而自然謂之性。
>
> 性之好、惡、喜、怒、哀、樂謂之情。情然而心為之擇謂之慮。心
>
> 慮而能為之動謂之偽；慮積焉，能習焉，而後成謂之偽。

其中提到「情然而心為之擇謂之慮」，「情然」指的是官能受到外物而產生的好惡反應，而人的「心」針對「情然」做出「選擇」（取或捨）的過程，就是「慮」。其中「心慮而能為之動謂之偽；慮積焉，能習焉，而後成謂之偽」，這一句也點出了「慮」是「性」到「偽」的橋樑。

《荀子‧大略》中也說：

> 今夫亡箴者，終日求之而不得；其得之也，非目益明也，眸而見之
>
> 也。心之於慮亦然。

這兩段都指出「心」乃是發動「慮」的關鍵。而「慮」最關鍵處是在「心好利」時，能避免傷害。如《荀子‧不苟》中提到：

> 則必前後慮其可惡也者；見其可利也，則必前後慮其可害也者，而
>
> 兼權之，孰計之，然後定其欲惡取舍。如是則常不失陷矣。凡人之
>
> 患，偏傷之也。見其可欲也，則不慮其可惡也者；見其可利也，則
>
> 不慮其可害也者。是以動則必陷，為則必辱，是偏傷之患也。

那運用「慮」所得出的結果，就是「禮義」。所以《荀子‧性惡》中說：

> 性不知禮義，故思慮而求知之也。

《荀子‧禮論》中也說：

> 禮之中焉能思索，謂之能慮。

所以荀子的「心」，所發動的「慮」，乃是以思索出「禮義」為最終的目的。《荀子》中「知」、「慮」有同時出現的現象，如《荀子‧富國》提到：

> 故其知慮足以治之。

《荀子‧儒效》中亦有：

其知慮多當矣。

顯見「知」、「慮」乃是在「心」中交錯運用。上文中提到荀子並未完全排除以人的官能與外界接觸的「知」，只是對其討論甚少。因為此只針對形體義的「心」，相對於「好利」的能力來說，才有意義。但是，此「知」乃是對形而下的器物有基礎的認知，然後人在「心好利」時，才能運用「慮」，避免傷害。「慮」的經驗過程與結果，又形成新的「知」，而且這個知乃是有徵驗的知，能夠用客觀的「說」來辨證其正確性。有驗證的「心知」，再經由「慮」，又可以再產生出新的「知」。

如此反覆的「知」、「慮」交疊，人的「心」竟能跳脫一般生物那種「形而下」的「知」；也就是由「性」（官能）所得的知，昇華到「形而上」的「知」（例如：禮義）。這正是荀子想凸顯其乃是人的「心」最獨特珍貴之處，其細膩複雜的程度之深，實非一般生物所能比擬。許多學者對於荀子學說中「心」究竟在不在「性」中著墨頗多。如張岱年所言：「以心之好利為性而不以心之能知能慮為性，此因心好利是『感而自然』的，而心之能知能慮，則是『可以知之質，可以能之具』，依荀子之界說，非在性中。」〔註16〕此一議題也許在其字義運用上有其探究的必要，但是在荀子論「心」的實質上則無此必要。在荀子的學說中，「心」的價值，就建立在其能「知」、能「慮」。

第二節　心的大清明

上面已經討論了荀子的「心」有知、慮之能，更有其終極目標：就是在如何知「道」，那麼要如何知「道」呢？《荀子・解蔽》中說：

> 人何以知道？曰：心。心何以知？曰：虛壹而靜。心未嘗不藏也，然而有所謂虛；心未嘗不兩也，然而有所謂壹；心未嘗不動也，然而有所謂靜。

荀子說人要依靠心的能力達到「虛壹而靜」的境界才能知「道」。這裡的「臧」指藏，古字通；「壹」，指「專壹」，在下俱作「一」；「兩」指兼知，原字「滿」，楊倞改之。〔註17〕荀子說心未嘗不包藏，然而卻有所謂虛；心未嘗不兼知，

〔註16〕張岱年：《中國哲學大綱》，臺北市：藍燈文化事業股份有限公司，1992，頁294。
〔註17〕王先謙：《荀子集解》，頁395。

然而卻有所謂壹；心未嘗不動，然而卻有謂靜。虛、壹、靜的內涵看起來很玄妙，就先來探究其意義。

《荀子‧解蔽》中說明的虛：

> 人生而有知，知而有志；志也者，臧也；然而有所謂虛；不以所已臧害所將受謂之虛。

這裡的知當指認知，志指記憶。〔註18〕說明人生而有知，有知就有記憶，記憶就是收藏；然而有所謂虛，不以心中已藏的事物妨害所將接受的事物，這就叫做虛。人本來就有認知的能力，認知之後還可以記在心裡。虛可以當做是人在記憶知識之後，還有修正的能力。這也是說人的心總有一個「虛」的空間，能接受新的知識或放入新的元素來修正舊知識或經驗上的成見。心的能力中的「知」，能對照心的「知而有志」；那麼「慮」就是能對照心的「不以所已臧害所將受」。慮就是能找到心中的「虛」，使心能一步步知「道」。

《荀子‧解蔽》中說明的壹：

> 心生而有知，知而有異；異也者，同時兼知之；同時兼知之，兩也；然而有所謂一；不以夫一害此一謂之壹。

人生而有知，所知的會有所不同，不同的，就可以兼知；同時兼知就是兩，然而有所謂一，就是不以彼一害此一，這就叫做壹。這裡的「壹」解釋為「專一」或「整合統一」，或者兩者兼具亦可。〔註19〕若解為專一，指出人的心若能專一，必能把握道的整體。《荀子‧解蔽》中提到「精於物者」和「精於道者」的差別：

> 農精於田，而不可以為田師；賈精於市，而不可以為市師；工精於器，而不可以為器師。有人也，不能此三技，而可使治三官。曰：精於道者也。精於物者也。精於物者以物物，精於道者兼物物。

《荀子‧解蔽》也舉出許多歷史上的例子，顯示專一的重要：

> 故好書者眾矣，而倉頡獨傳者，壹也；好稼者眾矣，而后稷獨傳者，壹也。好樂者眾矣，而夔獨傳者，壹也；好義者眾矣，而舜獨傳者，壹也。倕作弓，浮游作矢，而羿精於射；奚仲作車，乘杜作乘馬，而造父精於御：自古及今，未嘗有兩而能精者也。

所以將「壹」解為專一的話是前後文連貫的。但是，人的心有統合知的

〔註18〕梁啟雄：《荀子簡釋》，頁294。
〔註19〕潘小慧：《從解蔽心看荀子的知識論與方法學》，頁28～29。

能力，這也是荀子學說中所強調的，能整合統一所有的知，當然也能統合道的全部，而非其中一隅。人的知可以對照兼知，那麼人的慮就能對照整合統一的意思，這樣的說法則能讓荀子的心論部分有更一貫性的解釋。那麼這裡的壹究竟是「專一」還是「整合統一」？其實觀看《荀子》會發覺荀子是一位文字造詣很高的學者，也許這裡的壹本就有雙關意味，所以任採一種，或兩種意思兼具都不影響其意義。這裡要注意的是，荀子特意強調「自古及今，未嘗有兩而能精者也」，有隱含在生活中學習技能時，專一亦是十分重要的，不只在求知道方面而論而已。

再來看《荀子‧解蔽》中說明的靜：

> 心臥則夢，偷則自行，使之則謀；故心未嘗不動也；然而有所謂靜；
> 不以夢劇亂知謂之靜。

這段大抵是說心在睡時就做夢，鬆懈時就自動胡思亂想，使用的時候就思謀；所以心未嘗不動，然而有所謂靜，不以想像煩囂來擾亂知。也就是不以自起的（夢）或他起的（劇）雜念擾亂其知慮作用就是「靜」。〔註20〕所以「靜」不是完全靜止不動的意思，而是人的「知」、「慮」能不隨著於雜念動念起舞，進而讓心處於相對於外界雜念來說，是一種「靜」的狀態，也就是能摒除雜念以求知「道」。

虛、壹、靜是心要知道時，必須要有的三種方法。依荀子對於壹的解釋篇幅較大與佐證的仔細來看，可能原因是其意義最常運用在生活上；另有一個原因亦可能是荀子對其最為重視，也就是虛、壹、靜當中，又以「壹」最為重要。

《荀子‧解蔽》中說明虛壹而靜乃是大清明：

> 未得道而求道者，謂之虛壹而靜。作之：則將須道者之虛則人，將
> 事道者之壹則盡，盡將思道者靜則察。知道察，知道行，體道者也。
> 虛壹而靜，謂之大清明。

這裡的「謂」當做「說」用。〔註21〕這裡是說，沒有得道而正在求道的人，把虛壹而靜的方法說給他聽。這裡的「人」當為「入」，為入於道。〔註22〕王念孫將「則將須道者之虛則人，將事道者之壹則盡，盡將思道者靜則察」改

〔註20〕潘小慧：《從解蔽心看荀子的知識論與方法學》，頁30。
〔註21〕王忠林：《新譯荀子讀本》，頁322。
〔註22〕梁啟雄：《荀子簡釋》，頁295。

為「則將須道者之虛，虛則入；將事道者之壹，壹則盡；將思道者之靜，靜則察」〔註23〕，這樣會將虛、壹、靜彼此間的聯繫建構的更為緊密，因為這樣的說法是說心由虛進入壹，再由壹到達靜。也許是荀子對於壹有較多的解釋和佐證，讓人認為壹可能是關鍵性具有由虛到靜的中介角色。但是解讀原典時，修改原文或增字為不妥的詮釋方式。

所以，只要解釋為去做，才能使須道者之虛入於道；將要行事，則需要道者的專一才能盡知；將要思考，則需要道者能靜，才能明察。知道而能明察，知道而能實行，這才是真的體會道。虛壹而靜，叫做大清明。其中，「將事道者之壹則盡，盡將思道者靜則察」採用的頂真語法，確實有把壹和靜串連起來的意涵，或許荀子真的認為要壹才能摒除雜念到靜。但是依原文來看，虛、壹應是並列（虛能接收或修正知識，壹是專一或整合統一於知識），壹、靜則有因果關係（專一或整合統一於知識，才能去除不必要或錯誤的雜念而可能到達靜）。荀子自己也說「虛壹而靜」，虛和壹是並列的兩種方法，是顯而易見的。

《荀子‧解蔽》中提到大清明的境界：

> 萬物莫形而不見，莫見而不論，莫論而失位。坐於室而見四海，處於今而論久遠。疏觀萬物而知其情，參稽治亂而通其度，經緯天地而材官萬物，制割大理而宇宙裡矣。恢恢廣廣，孰知其極？睪睪廣廣，孰知其德？涫涫紛紛，孰知其形？明參日月，大滿八極，夫是之謂大人。夫惡有蔽矣哉！

此境界是萬物莫不見其象，無不能論說，論說無不得其宜。不出戶而盡知天下事，處於今世而可論久遠之事，這就是聖人的境界。〔註24〕荀子在《荀子‧正名》中所言的聖王、聖人，指的就是到達此境界的人。對照《荀子‧性惡》中的「立君上之埶以臨之」，「君」必須是到達聖人境界的「君」，才能以君之勢和禮義外鑠人民。牟宗三說：「儒家重君德，法家重君術。……儒家固視君為至道之化身，以備德全美之至聖期之，……而在聖君賢相之政體下（道之直接表現形態），君若真是法天代天，則君之理必應如此，其不能如此者，必不堪為君，亦不宜為君也，或即為之，亦不合君之德也。」〔註25〕所以荀子

〔註23〕王忠林：《新譯荀子讀本》，頁322。

〔註24〕李瑩瑜：《荀子內聖外王思想研究》，臺北縣永和市：花木蘭文化出版社，2009年，頁86。

〔註25〕牟宗三：《牟宗三先生全集2》，《名家與荀子》，臺北市：聯經出版公司，2003，頁213～214。

是在合君德的前提下重君之勢此一議題，並期君能以禮義治天下。

第三節　心的抉擇力

對比《荀子‧修身》中提到：

> 志意修則驕富貴，道義重則輕王公；內省而外物輕矣。傳曰：「君子
> 役物，小人役於物。」此之謂矣。

這裡的「志意」，也就是「意志」。〔註26〕荀子以為人要透過修鍊「志意」的
過程才能節制人之情欲，不為外物所動，當處利害時能堅定當所選擇者。
〔註27〕所以荀子學說對人心的「抉擇力」尤為重視，《荀子‧非相》中說：

> 故相形不如論心，論心不如擇術；形不勝心，心不勝術；術正而心
> 順之，則形相雖惡而心術善，無害為君子也。形相雖善而心術惡，
> 無害為小人也。

所以荀子以為要確保「心術善」，就是要心的能力，「知」、「慮」的意志能向
善，才能成為君子。荀子在《荀子‧正名》中提到「心也者，道之工宰也。道
也者，治之經理也。」這裡的「道」指道術，乃是心知活動的標準。〔註28〕
荀子認為人的認知是緣於官能的，但是若沒有心的徵知，則不能構成認知的
要件，所以他在《荀子‧正名》中提到：

> 形體、色理以目異；聲音清濁、調竽、奇聲以耳異；甘、苦、鹹、
> 淡、辛、酸、奇味以口異；香、臭、芬、鬱、腥、臊、漏庮、奇臭
> 以鼻異；疾、癢、熸、熱、滑、鈹、輕、重以形體異；說、故、喜、
> 怒、哀、樂、愛、惡、欲以心異。心有徵知。徵知，則緣耳而知聲
> 可也，緣目而知形可也。然而徵知必將待天官之當薄其類，然後可
> 也。五官薄之而不知，心徵知而無說，則人莫不然謂之不知。

可以看出荀子的知分為「官能之知」與「理性之知」。其中「官能之知」是以
官能對於形而下的外物，所形成的個體概念；「理性之知」則是可以對於各種
概念，透過綜合整理、反省和推理，進而再形成形而上的普遍共相。這也就
是荀學中心的知可以由形而下超越到形而上的特殊之處。但是，人的能力並

〔註26〕楊承彬：《孔、孟、荀的道德思想》，臺北市：臺灣商務印書館，1992，頁81。
〔註27〕張勻翔：《攝王與禮、攝禮於德——荀子之智德及倫理社會架構之意涵》，臺
北縣永和市：花木蘭文化出版社，2010，頁51。
〔註28〕李滌生：《荀子集釋》，頁74。

非無限的，無法周知所有的道理，所以應該量力而為，所以荀子在《荀子‧解蔽》中說：

> 以可以知人之性，求可以知物之理，而無所疑止之，則沒世窮年不能無也。其所以貫理焉雖億萬，已不足浹萬物之變，與愚者若一。

事實上，荀子不只認為人的認知能力有限，也認為人的認知會有錯誤。所以《荀子‧解蔽》中提到：

> 凡人之患，蔽於一曲，而闇於大理。治則復經，兩疑則惑矣。天下無二道，聖人無兩心。今諸侯異政，百家異說，則必或是或非，或治或亂。亂國之君，亂家之人，此其誠心，莫不求正而以自為也。妒繆於道，而人誘其所迨也。私其所積，唯恐聞其惡也。倚其所私，以觀異術，唯恐聞其美也。是以與治雖走，而是己不輟也。豈不蔽於一曲，而失正求也哉！心不使焉，則白黑在前而目不見，雷鼓在側而耳不聞，況於使者乎？德道之人，亂國之君非之上，亂家之人非之下，豈不哀哉！

其中的「蔽」指的是，妨礙人真確認知的東西，也就是導致認知錯誤的原因。這一段引文中的「蔽於一曲」指只看到局部，而忽略了整體考量；「此其誠心，莫不求正而以自為也」則點出人犯錯而不自知，就是犯了自以為是的毛病；「心不使焉」則是最嚴重的，因為人的認知最基本的就是要「用心」。

那麼荀子也列舉了「蔽」的種類，在《荀子‧解蔽》中可以找到：

> 故為蔽：欲為蔽，惡為蔽，始為蔽，終為蔽，遠為蔽，近為蔽，博為蔽，淺為蔽，古為蔽，今為蔽。凡萬物異則莫不相為蔽，此心術之公患也。

這些「蔽」乃是「心術之公患」，對照「凡人之患，蔽於一曲」來看，荀子認為認知錯誤的原因最根本仍在人只看到其中的一面，而不見另一面，這就是「曲知」。「曲知之人」是無法知道「道」的全體。他在《荀子‧解蔽》中說明得很清楚：

> 曲知之人，觀於道之一隅，而未之能識也。故以為足而飾之，內以自亂，外以惑人，上以蔽下，下以蔽上，此蔽塞之禍也。

然則致蔽的原因到底有哪些？依照《荀子》大約可以分為三類：外在因素、內在因素、「名」的因素。

在《荀子‧解蔽》中找到這幾段，乃是歸在外在因素所造成的蔽患：

> 冥冥而行者，見寢石以為伏虎也，見植林以為後人也：冥冥蔽其明
> 也。
> 厭目而視者，視一為兩；掩耳而聽者，聽漠漠而以為呴呴：埶亂其
> 官也。
> 故從山上望牛者若羊，而求羊者不下牽也：遠蔽其大也。
> 從山下望木者，十仞之木若箸，而求箸者不上摺也：高蔽其長也。
> 水動而景搖，人不以定美惡：水埶玄也。

這一類都是屬於「心」對官能所提供資訊上出現認知的蔽患，可能是客觀的
不明確（光線、距離、角度、情勢）所導致，或是官能本身的能力乃是有限制
的（無法看清晃動的景色），這一部份頗容易理解。

　　荀子在討論認知出現蔽患時，除了外在因素的檢視，對自己的內在因素
同樣重視。一樣可以在《荀子・解蔽》中找到相關段落：

> 醉者越百步之溝，以為蹞步之澮也；俯而出城門，以為小之閨也：
> 酒亂其神也。
> 瞽者仰視而不見星，人不以定有無：用精惑也。有人焉以此時定物，
> 則世之愚者也。
> 愚而善畏。明月而宵行，俯見其影，以為伏鬼也；仰視其髮，以為
> 立魅也。以所已臧害所將受……以夢劇亂知。

喝醉的人、愚而善畏的人指出的是人自己狀態或性格的問題。那麼以盲人沒
有看到星星來當作是實際上有沒有星星的標準，這種人對「知」的理解有很
嚴重的繆誤。最後的「不以所已臧害所將受」則點出了人對於之前經驗所獲
得的知，有時候會妨礙將要接受的新知。郝懿行說「『臧』，古『藏』字」，依
照郝懿行的說法，「臧」可以當作之前的認知經驗有錯誤，也可能是指對於事
情還未通盤了解前的「成見」。而「夢劇亂知」中的「夢」指想像，「劇」指囂
煩；〔註29〕也就是說想像囂煩會擾亂知。

　　另外，在《荀子・正名》中可找到關於「名」所造成的蔽患：

> 後王之成名：刑名從商，爵名從周，文名從禮，散名之加於萬物者，
> 則從諸夏之成俗曲期，遠方異俗之鄉，則因之而為通。

荀子一開頭就提到「名」的制定有一定的規範。也提到遠方異俗之民以諸夏之

〔註29〕王先謙：《荀子集解》，頁 396。

成名標準，委曲相期為名，則可因之以相通。〔註30〕那麼就顯示出「名」的定義若沒有一致性，是沒有辦法相通或溝通的。如果要細究定義的標準究竟孰是孰非，其實是很難有個標準答案，但是，對於「名」的定義標準不一致，確實會導致認知不清。荀子針對此類現象又細分為三種類型，依序列在下面：

> 「見侮不辱」，「聖人不愛己」，「殺盜非殺人也」，此惑於用名以亂名者也。

> 「山淵平」，「情欲寡」，「芻豢不加甘，大鐘不加樂」，此惑於用實以亂名者也。

> 「非而謁楹」，「有牛馬非馬也」，此惑於用名以亂實者也。

這三惑分別為「用名以亂名」、「用實以亂名」、「用名以亂實」，都是建立在「名」的定義標準不明確。

事實上，荀子指出其個人的蔽與不蔽，會影響到社會國家的命運，進而突顯出解蔽的重要。在《荀子·解蔽》當中便以君王和臣子為例，提到：

> 昔人君之蔽者，夏桀殷紂是也。桀蔽於末喜斯觀，而不知關龍逢，以惑其心，而亂其行。紂蔽於妲己、飛廉，而不知微子啟，以惑其心，而亂其行。故群臣去忠而事私，百姓怨非而不用，賢良退處而隱逃，此其所以喪九牧之地，而虛宗廟之國也。桀死於鬲山，紂縣於赤斾。身不先知，人又莫之諫，此蔽塞之禍也。

> 昔人臣之蔽者，唐鞅奚齊是也。唐鞅蔽於欲權而逐載子，奚齊蔽於欲國而罪申生；唐鞅戮於宋，奚齊戮於晉。逐賢相而罪孝兄，身為刑戮，然而不知，此蔽塞之禍也。

這裡顯示出君王和臣子的蔽患會導致喪身滅國，對人們的傷害亦大，難怪荀子言「故以貪鄙、背叛、爭權而不危辱滅亡者，自古及今，未嘗有之也」（《荀子·解蔽》）。那麼君王和臣子的不蔽，對國家的影響又是如何呢？《荀子·解蔽》中也提到：

> 成湯監於夏桀，故主其心而慎治之，是以能長用伊尹，而身不失道，此其所以代夏王而受九有也。文王監於殷紂，故主其心而慎治之，是以能長用呂望，而身不失道，此其所以代殷王而受九牧也。……生則天下歌，死則四海哭。夫是之謂至盛。《詩》曰：「鳳凰秋秋，其翼若干，其聲若簫。有鳳有凰，樂帝之心。」此不蔽之福也。

〔註30〕熊公哲：《荀子今註今譯》，頁448。

鮑叔、宵戚、隰朋仁知且不蔽，故能持管仲，而名利福祿與管仲齊。
召公、呂望仁知且不蔽，故能持周公而名利福祿與周公齊。傳曰：
「知賢之為明，輔賢之謂能，勉之彊之，其福必長。」此之謂也。
此不蔽之福也。

君王的不蔽就是能身受九牧，生則天下歌，死則四海哭。臣子的不蔽則能和
君主共同努力於國家福祉。以國家社稷的觀點來看「蔽」，其嚴重性已不言而
喻，故荀子慎重看待之。荀子提出了蔽患的嚴重性，也同時提出了聖人看出
了心術之患，他在《荀子·解蔽》中說：

聖人知心術之患，見蔽塞之禍，故無欲、無惡、無始、無終、無近、
無遠、無博、無淺、無古、無今，兼陳萬物而中縣衡焉。是故眾異
不得相蔽以亂其倫也。

荀子提出了「衡」對解蔽來說很重要。從「無欲、無惡」、「無始、無終」、「無
近、無遠」、「無博、無淺」、「無古、無今」這五組是相互對立的概念來看，這
裡的「衡」應該有以天平衡量萬物的意味。可比照《荀子·正名》中的說法：

衡不正，則重縣於仰，而人以為輕；輕縣於俛，而人以為重；此人
所以惑於輕重也。

而聖人能做到的便是不會使心中的天平因蔽患而傾斜。那麼既然「衡」有衡
量萬物的意思，那「衡」的標準是甚麼？荀子在《荀子·解蔽》中說：

何謂衡？曰：道。故心不可以不知道；心不知道，則不可道，而可
非道。人孰欲得恣，而守其所不可，以禁其所可？以其不可道之心
取人，則必合於不道人，而不合於道人。以其不可道之心與不道人
論道人，亂之本也。
夫何以知？曰：心知道，然後可道；可道然後守道以禁非道。以其
可道之心取人，則合於道人，而不合於不道之人矣。以其可道之心
與道人論非道，治之要也。何患不知？故治之要在於知道。

「道」是「衡」的標準，荀子以為要用「心」去知「道」，才能知「道」與「非
道」；然後用守道之心禁止非道；最後才能用可道之心與道人論非道，這才是
治之要。

那麼「道」是甚麼呢？《荀子·儒效》中說：

先王之道，人之隆也，比中而行之。曷謂中？曰：禮義是也。道者，
非天之道，非地之道，人之所以道也，君子之所道也。

先王的道乃是中正之道，而中正之道就是禮義。〔註31〕荀子更將「禮」視為「道」的標誌。他在《荀子・天論》中說：

> 百王之無變，足以為道貫。一廢一起，應之以貫，理貫不亂。不知貫，不知應變。貫之大體未嘗亡也。亂生其差，治盡其詳。故道之所善，中則可從，畸則不可為，匿則大惑。水行者表深，表不明則陷。治民者表道，表不明則亂。禮者，表也。非禮，昏世也；昏世，大亂也。故道無不明，外內異表，隱顯有常，民陷乃去。

禮對人民來說，是行為的標誌，若是標誌不明就有昏亂的憂慮。反過來說，禮的實體其實就是「道」。無怪乎荀子說：「國之命在禮」（《荀子・天論》）。所以，心能否知「道」就是解蔽的關鍵，而能否解蔽，就是福禍的關鍵，《荀子・正名》中說：

> 凡人之取也，所欲未嘗粹而來也；其去也，所惡未嘗粹而往也。故人無動而不可以不與權俱。衡不正，則重縣於仰，而人以為輕；輕縣於俛，而人以為重；此人所以惑於輕重也。權不正，則禍託於欲，而人以為福；福託於惡，而人以為禍；此亦人所以惑於禍福也。道者，古今之正權也；離道而內自擇，則不知禍福之所託。

其中要注意的是「離道而內自擇」指的應該是人的「心」有可能處於無法知「道」的狀態，所以荀子又提出心需要到達某種境界，才能知「道」，他在《荀子・解蔽》中提到：

> 人何以知道？曰：心。心何以知？曰：虛壹而靜。

所以，心要知「道」並不是那麼容易的，必須要做到「虛壹而靜」，而「虛壹而靜」的修養歷程與功夫也就是荀子人性視域中最大的特色，依此作為他學說中以「聖王」治天下的學說立場。另外，荀子在《荀子・正名》中提明君必須解決「三惑」，提出的解決方法是要「正名」，其中具有很強的邏輯性。〔註32〕觀其內容都是跟心的能力有關，這點和西方智者（sophist）所強調的措辭技藝（orthoepeia）不太相同，"orthoepeia"（也中譯為「正名」）是指在演講和辯論中為了正確有效的使用語言，揭露對方用詞不當的錯誤，所以深入研究詞義問題。〔註33〕而荀子注重的「正名」是為了解決三惑導致心偏離正

〔註31〕熊公哲：《荀子今註今譯》，頁114。

〔註32〕馮友蘭：《中國哲學史》，北京：中華書局，1992，頁373。

〔註33〕姚厚介：《希臘哲學史2》，北京：人民出版社，1997，頁142。

道的問題。所以在《荀子・正名》中提到：

> 凡邪說辟言之離正道而擅作者，無不類於三惑者矣。故明君知其分
> 而不與辨也。

荀子說「明君知其分而不與辨」的原因是在於君王有制名的權力，《荀子・正名》又提到：

> 故王者之制名，名定而實辨，道行而志通，則慎率民而一焉。故析
> 辭擅作名，以亂正名，使民疑惑，人多辨訟，則謂之大姦。其罪猶
> 為符節度量之罪也。

這跟《禮記・王制》中說「析言破律，亂名改作，執左道以亂政，殺」的內容是一致的，荀子認為君王有制名和對於亂名者處以刑罰的權力，所以「跡長功成，治之極也。是謹於守名約之功也」(《荀子・正名》)，指出守名約才能達到治之極。但是荀子在《荀子・正名》中提到：

> 今聖王沒，天下亂，姦言起，君子無埶以臨之，無刑以禁之，故辨
> 說也。

因為聖王不存，無法用刑罰禁止姦言，所以要「辨說」。對比《荀子・非相》中提到：

> 人之所以為人者何已也？曰：以其有辨也。

對照《荀子・正名》中說明「辨說」的意義和目的：

> 辨說也者，心之象道也。……心合於道，說合於心，辭合於說。

人要有「辨」(辨別，有價值澄清的意義)才能「辨說」(亦可做辯說)，心所知合於道，辨說之意合於心所知，所用的言辭合於辨說之意。

那麼要「心合於道，說合於心，辭合於說」的辨說，便是荀子所說「聖人的辨說」，《荀子・正名》中說：

> 以正道而辨姦，猶引繩以持曲直。是故邪說不能亂，百家無所
> 竄。……說行則天下正，說不行則白道而冥窮。是聖人之辨說也。

用正道與姦言辨說，就像引繩墨以定曲直，所以邪說不能亂，百家雜說都無所隱竄。其說能行可以使天下正，若不能行就彰顯其道而隱其身，這就是聖人的辨說。對照《荀子・儒效》中提到：

> 不聞不若聞之，聞之不若見之，見之不若知之，知之不若行之。學
> 至於行之而止矣。行之，明也；明之為聖人。聖人也者，本仁義，
> 當是非，齊言行，不失豪釐，無他道焉，已乎行之矣。故聞之而不

見，雖博必謬；見之而不知，雖識必妄；知之而不行，雖敦必困。

荀子把學習看作是知識的一個重要來源，十分重視在學習中積累知識。同時他又重視行，把「行」看作是學習的目的，強調要學以致用。他反對那種「入乎耳，出乎口」，不能身體力行的學習，主張學習要「入乎耳，箸乎心，布乎四體，形乎動靜」。也就是要把學到的知識，潛移默化於內心，實際運用於待人處世。〔註34〕正因為荀子在如此重視心的抉擇過程（以知為基礎、修練意志、去除蔽、並能衡），可推知荀子認為社會治亂的關鍵在人〔註35〕，建立人應該為自身社會治亂負責任的立論基礎，也就是想強調心對行禮義的抉擇力。所以在荀子的學說中，這裡可以說明化性起偽以求善的主動性來自於心；也說明沒有天生的聖人，聖人乃是刻意積累而成的之外，更可以解釋荀子學說中所言「塗之人可以為禹」，但是事實上能將堅持「心的抉擇力」，進而實踐「行」的聖人卻是難得一見。從這裡可以看出荀子其實希望透過「聖王」之「心的抉擇力」來制名，並用刑罰禁絕姦言並以「道」為標準才能讓人免除三惑讓人民有所依循，所以荀子以禮為道之表是有其原因的。只是聖王不存，只能退而求其次，期待聖人的辨說能導正天下風氣。可見在荀子的人性視域下，呈現出合君德之聖君以禮義教化「群」之終極理想。

第四節　荀子的禮、樂、法

上面已提到荀子希望以聖王之「心的抉擇力」來制名並達到以「禮」為道之表使人民依循的理想，可見其對於「君」的高度期許。從《荀子・君道》可找到其相關論述，如：「君者，民之原也，原清則流清，原濁則流濁。」、「君者儀也，民者景也，儀正而景正。」、「君人者愛民而安。」說明君王的言行思想是人民的表率，言下之意，當然也是在強調君王必須善盡教化百姓的職責，並延續先秦以來儒家學者在政治思想上的一貫主張，也就是善待百姓並且加以愛護。《荀子・君道》其中最關鍵的則在這一段對君王特質的描述：

〔註34〕曾春海、葉海煙、尤煌傑、李賢中：《中國哲學概論》，臺北市：五南出版社，2005，頁125。

〔註35〕「治亂，天邪？曰：日月星辰瑞歷，是禹、桀之所同也；禹以治，桀以亂，治亂非天也。時邪？曰：繁啟蕃長於春夏，畜積收藏於秋冬，是又禹、桀之所同也；禹以治，桀以亂，治亂非時也。地邪？曰：得地則生，失地則死，是又禹、桀之所同也；禹以治，桀以亂，治亂非地也。」（《荀子・天論》）。

能群也者，何也？曰：善生養人者也，善班治人者也，善顯設人者
也，善藩飾人者也。善生養人者人親之，善班治人者人安之，善顯
設人者人樂之，善藩飾人者人榮之。四統者俱，而天下歸之，夫是
之謂能群。不能生養人者，人不親也；不能班治人者，人不安也；
不能顯設人者，人不樂也；不能藩飾人者，人不榮也。四統者亡，
而天下去之，夫是之謂匹夫。

可以得見荀子所謂君王必須深知「能群」之道，分別是「善生養人者」、
「善班治人者」、「善顯設人者」，「善藩飾人者」。這四項「能群」之道皆是在
強調君王的統御能力，期許統治者要能組織群眾、並合理安排百姓在面對群
體生活時的各項需要，使之各遂其生、各得其養、各得其所。

荀子對於現實社會群體生活時的各種觀察，造就了他以「性惡」為起點，
想要憑藉著「心」去「化性起偽」達到善的學說架構。而荀子一直強調聖王的
理想特質，能起禮義、制法度，就因為他認為「君」是社會能否安定的重要角
色。那麼在這個群體中的人民呢？無法達到理想人格的大部分人民，該用甚
麼方式讓他們為主的群體達到「治」，也就是「善」呢？荀子既然以性惡為起
點，當然就會希望君王能運用相關措施調節人性所發展的情欲，因為荀子透
過觀察發現此乃是群體混亂的根源。所以荀子學說中的「禮」、「樂」、「法」便
是以人的欲求為出發點而形成的。接著便將荀學中禮、樂、法三者的關係做
整理。

一、禮

禮原先是對神明表達敬意的活動，《說文》：「禮，履也；所以示神致福也。」
所以禮的起源就是祭祀。但是因為祭祀活動都有不同的禮節，所以禮逐漸成
為社會共同遵守的規範。〔註36〕荀子把禮的來源定位在人的欲望所起的亂上，
《荀子‧禮論》說：

禮起於何也？曰：人生而有欲，欲而不得，則不能無求。求而無度
量分界，則不能不爭；爭則亂，亂則窮。先王惡其亂也，故制禮義
以分之，以養人之欲，給人之求。使欲必不窮於物，物必不屈於欲。
兩者相持而長，是禮之所起也。

顯然的，在荀子學說中，禮是後天的「偽」，但是其立論基礎則是來自人性的

〔註36〕陳飛龍：《孔孟荀禮學之研究》，臺北市：文史哲出版社，1982，頁 1～17。

需要。所以為了平息紛亂，先王就提出了「分」。其目的是對於人的階層與物資做分配，使人能被滿足。所以《荀子・富國》中說：

> 禮者，貴賤有等；長幼有差，貧富輕重皆有稱者也。

這樣的劃分，定要使人信服，所以就必須先教導人民了解並接受這套規則，對照《荀子・性惡》提到：

> 故為之立君上之勢以臨之，明禮義以化之。

禮能先化育人心，禮所成的社會規範才能順利施行。所以禮明顯有教育上的意義；並加「君上之勢」的強制力來看，荀子把教化人心的權力授與君王。

所以《荀子・禮論》提出禮有三本：

> 禮有三本；天地者，生之本也；先祖者，類之本也；君師者，治之本也。無天地，惡生？無先祖，惡出？無君師，惡治？三者偏亡焉無安人。故禮上事天，下事地，尊先祖而隆君師，是禮之三本也。

其中天地和先祖都有追本溯源的意義，而君師則是安定生活現實因素，在政治制度、社會生活與個人品德修養有關係。所以政治上可見其相關思想：

> 為政不以禮，政不行矣。（《荀子・大略》）

> 上莫不致愛其下，而制之以禮。（《荀子・王霸》）

《荀子・王制》中更是把社會的群體關係，以禮的功用，也就是以「分」的觀念做出區別，才能使社會和諧：

> 故人生不能無群，群而無分則爭，爭則亂，亂則離，離則弱，弱則不能勝物；故宮室不可得而居也，不可少頃舍禮義之謂也。能以事親謂之孝，能以事兄謂之弟，能以事上謂之順，能以使下謂之君。

禮其實透過了「分」的觀念，區隔人在群體中的關係，也就是找出人與人之間應該有的適當界線。而禮的這個在群體中的適當界線，不僅表現在分，也表現在人的情感抒發上，因為禮要能滿足人內在的情感而得到抒發，過與不及都是不好的。所以禮和內在情感若能互相配合並找到適當的界線，就是最恰當的，這種思想可以在《荀子・禮論》中看到：

> 禮者，以財物為用，以貴賤為文，以多少為異，以隆殺為要。文理繁，情用省，是禮之隆也。文理省，情用繁，是禮之殺也。文理情用相為內外表墨，並行而雜，是禮之中流也。

而人要能將禮和內在情感互相配合良好，是需要透過學習的，所以《荀子・修身》說：「禮者，所以正身」；《荀子・禮論》也說：「君子審於禮，則不可欺

以詐偽」、「禮者、斷長續短，損有餘，益不足，達愛敬之文，而滋成行義之美者也」，顯示出荀子認為「禮」對於個人修養的重要性極大。綜合以上，荀子的「禮」有滿足人之欲、確立群體階層（分）、以及作為君王自身修為與教化人們的依據，也依此可看出荀子的「禮」有依附君王權勢的趨勢，也就是荀子的「禮」具有強制力。

潘小慧就曾提出禮的意涵有三層：「養—養人之欲」、「別—別等立差」、「表、中、準—節之準也」〔註37〕，說明「禮」是回應人的欲求並兼顧社會秩序的一種社會建制。值得注意的是第三種：「表、中、準—節之準也」，對照《荀子・樂論》中說：「禮也者，理之不易者也。」，可見荀子認為禮具有恆常不變的穩定性，如同繩墨之於曲直、規矩之於方圓般作為人道的標準—「極」〔註38〕，是「檢式」〔註39〕、「表」〔註40〕、「中」〔註41〕、「準」〔註42〕。

潘小慧所指出荀子的禮有「表、中、準—節之準也」的意義，就有法度、判准、標準、權衡，亦即有客觀性、規範義。〔註43〕可見荀子的「禮」的實質泛指就有包括「法度」的概念在內，再加上前述已分析出「禮」本身就有涵攝個人修養與教化的意義在內，推知荀子之「禮」被定位在可將人欲做合理的範限，因此足以定人倫，維持社會秩序。

二、樂

《荀子・樂論》中常將禮、樂並稱：

先王之道，禮樂正其盛者也。

故禮樂廢而邪音起者，危削侮辱之本也。故先王貴禮樂而賤邪音。

〔註37〕以上分類方式引述自潘小慧：〈禮義、禮情及禮文〉，《儒家倫理學與士林哲學》，頁277〜281。

〔註38〕《荀子・禮論》：「故繩者，直之至；衡者，平之至；規矩者，方圓之至；禮者，人道之極也。」

〔註39〕《荀子・儒效》：「禮者、人主之所以為群臣寸尺尋丈檢式也。人倫盡矣。」

〔註40〕《荀子・天論》：「水行者表深，表不明則陷。治民者表道，表不明則亂。禮者，表也。非禮，昏世也；昏世，大亂也。故道無不明，外內異表，隱顯有常，民陷乃去。」

〔註41〕《荀子・儒效》：「先王之道，人之隆也，比中而行之。曷謂中？曰：禮義是也。道者，非天之道，非地之道，人之所以道也，君子之所道也。」

〔註42〕《荀子・致士》：「程者、物之準也，禮者、節之準也；程以立數，禮以定倫；德以敘位，能以授官。」

〔註43〕潘小慧：〈禮義、禮情及禮文〉，《儒家倫理學與士林哲學》，頁281。

> 故先王導之以禮樂，而民和睦。
>
> 樂合同，禮別異，禮樂之統，管乎人心矣。

可見禮和樂的緊密關係，兩者在荀子眼中都屬於「文」的一種，如《荀子·樂論》所言：

> 故樂者審一以定和者也，比物以飾節者也，合奏以成文者也。
>
> 夫聲樂之入人也深，其化人也速，故先王謹為之文。

「禮」、「禮義」、「禮節」以為「文」的意義更是散落在《荀子》各篇：

> 禮之敬文也。（《荀子·勸學》）
>
> 禮節將甚文。（《荀子·富國》）
>
> 禮義以為文。（《荀子·臣道》）

《說文解字》說：「文，錯畫也，象交叉」，從許慎對「文」的解釋，可知「文」是人類的某種活動，或是某種活動的產物。可見禮、樂一開始可能都跟祭祀有關，從荀子把「禮」視為與人類情欲的抒發相關來看，「樂」應該也是其相同的目的，《荀子·樂論》提到：

> 夫樂者、樂也，人情之所必不免也。故人不能無樂，樂則必發於聲
> 音，形於動靜。

所以荀子確實將樂作為人抒發情緒欲望的一種表達方式，那麼跟禮一樣，君王就可以使用樂來教化人心，《荀子·樂論》中又說：

> 故人不能不樂，樂則不能無形，形而不為道，則不能無亂。先王惡
> 其亂也，故制雅頌之聲以道之，使其聲足以樂而不流，使其文足以
> 辨而不諰。

所以君王制樂是為了解決人的感情過度所造成的混亂，荀子也把樂視為人的情欲合宜的表達方式。所以樂跟禮一樣都有從生活中陶冶人的情性的功能，並讓社會和諧，同《荀子·樂論》中所言：

> 故樂在宗廟之中，君臣上下同聽之，則莫不和敬；閨門之內，父子
> 兄弟同聽之，則莫不和親；鄉里族長之中，長少同聽之，則莫不和
> 順。

但是禮、樂還是有分別的，《荀子·樂論》提到：

> 且樂也者，和之不可變者也；禮也者，理之不可易者也。樂合同，
> 禮別異，禮樂之統，管乎人心矣。

因為荀子的禮有分的概念，讓群體的人有地位階層的分別，所以必須以樂來

讓社會和諧，人心穩定。所以說「樂」成為人們表達情感的形式，在長期的薰陶中，會使不同等級、地位的人在樂的欣賞中產生共鳴，並且延續到行動上，最終會有助於國家的和諧與穩定。〔註44〕荀子一直把禮樂合稱，應是把樂當做是輔助禮的一種工具。禮所強調「分」就是一種界線，界線帶來的規範就會導致給人一種壓力，而「樂」的功用就是用來調解和舒緩其所帶來的這種壓力。

三、法

雖然禮在政治制度、社會生活與個人品德修養上都可以當做標準，但是禮卻缺乏了強制力。《荀子·修身》說：「學也者，禮法也」，因為「法」是由依循「禮」所制定的，可以說是作為推行禮的具體措施。〔註45〕所以法跟禮一樣也有滿足人欲望的目的，所以《荀子·王制》提到：

> 王者之法：等賦、政事、財萬物，所以養萬民也。

除了作為禮在滿足人欲望的具體措施的功用外，法也有另一個功用。《說文》中說：「法，刑也」。對照《荀子·王霸》中說：

> 百吏畏法循繩，然後國常不亂。

《荀子·富國》也提到：

> 由士以上則必以禮樂節之，眾庶百姓則必以法數制之。

說明了「法」的主要對象是沒辦法用禮樂規範的一般百姓，利用的就是他們對法的畏懼。而且可以在《荀子·正論》中看到荀子強調法的刑度要重：

> 凡刑人之本，禁暴惡惡，且徵其未也。

> 殺人者不死，而傷人者不刑，是謂惠暴而寬賊也，非惡惡也。

「徵其未」是指懲罰其未來。〔註46〕刑罰過輕就無法讓人因畏懼而達到想要的約束力量，甚至不知道自己犯的錯誤有多嚴重，將會大亂，所以《荀子·正論》中說：

> 以為人或觸罪矣，而直輕其刑，然則是殺人者不死，傷人者不刑也。

> 罪至重而刑至輕，庸人不知惡矣，亂莫大焉。

那麼荀子就把「法」提高到將社會由亂轉為治的一種手段，《荀子·正論》

〔註44〕王穎：《荀子倫理思想研究》，黑龍江：人民出版社，2006，頁199。
〔註45〕楊秀宮：《孔孟荀禮法思想的演變與發展》，臺北市：文史哲出版社，2000，頁159。
〔註46〕王忠林：《新譯荀子讀本》，頁275。

提到：

> 刑稱罪則治；不稱罪則亂。

這一段乍看之下跟法家的觀點類似，但是《荀子‧非十二子》可看到荀子對法家的批評：

> 尚法而無法，下脩而好作，上則取聽於上，下則取從於俗，終日言
> 成文典，反紃察之，則倜然無所歸宿，不可以經國定分；然而其持
> 之有故，其言之成理，足以欺惑愚眾：是慎到田駢也。

荀子認為法家的「法」沒有以「禮」作為準則，使「法」的合理性不明確。所以《荀子‧富國》中說明了荀子對於人民仍是強調要先以禮教導，不能不教化人民就直接用刑罰：

> 故不教而誅，則刑繁而邪不勝；教而不誅，則姦民不懲；誅而不賞，
> 則勤屬之民不勸；誅賞而不類，則下疑俗險而百姓不一。故先王明
> 禮義以壹之。

所以對荀子來說，先用禮來教育人民是最優先的；但是無法以禮教化的人，則就要使用法來給予規範。在荀子眼中，法可能是最快速能讓社會達到治的方法，但是還是必須以禮作為基礎。簡單的說，「禮」之形成，係出於社會文化之力量，故重「自律」，為積極之興發人之道德；「法」則多出於國家的制定，故重「他律」，為消極之禁制人之惡。〔註47〕《荀子‧王制》中說：「法者、治之端也」，《荀子‧致士》亦言：「故士之與人也，道之與法也者，國家之本作也」。荀子已經把法視為國家達到治道的本作，〔註48〕所以國家要達到治道，已經無法與「法」做切割，但是荀子的「法」是以「禮」為基石，再加入「樂」的調節元素，形成了社會國家中兼顧個人、群體的穩定措施。簡言之，荀子的禮、樂、法蘊含了教化調節人心、並具有強制力的兩層傾向特質。

〔註47〕李哲賢：《荀子之核心思想──「禮義之統」及其現代意義》，臺北市：文津出版社，1994，頁164。

〔註48〕作，始也。見梁啟雄：《荀子簡釋》，頁185。

第五章　韓非子的人性視域

第一節　統治者的利民工具

一、以「君」為主體的立論

在第二章、第四章中，提到荀子的「心」有從形體義躍升形上義的特質，而韓非子學說中「心」之探究則看法分歧。如詹康認為韓非子的心可算是「人的構造」，其意義是貫通利生和利己的（欲利之心），「心」也有「利他」的（仁者，謂其中心欣然愛人也），為了利他而自我犧牲的〔註1〕，其中「二心私學」的用法則是譴責民間學術違反國家教令，也就是「心」會逾越制度。〔註2〕也有學者持反對態度，認為先秦時期的文獻當中，「心」會用來表示「人的構造」，或用以指設「心思」、「思維」、「情感」等心理作用或現象，但是若是以行為相關的例子來看，韓非子學說中的「心」是特別表示某行為的「目的」和「意圖」。〔註3〕所以本章延續第二章的思路推演，選擇將韓非子「人」在群己關係的考量一路延伸到「君」的視野脈絡，而不若荀學從「心」探究其人性視域。〔註4〕

〔註1〕「凡說之難：在知所說之心，可以吾說當之。所說出於為名高者也，而說之以厚利，則見下節而遇卑賤，必棄遠矣。」（《韓非子‧說難》）
〔註2〕詹康：〈韓非論人新說〉，頁123。
〔註3〕朱弘道：〈對詹康〈韓非論人新說〉的反思〉，頁138～139。
〔註4〕「《韓非子》主張絕大部分人所有行為，皆是以『趨利避害』為唯一的行為準則，而這樣的行為準則，無法經由學習而有所改變。」、《韓非子》在討論『人』

　　從《韓非子》中許多論述都是以「君王」角度來立說，不難想見君王讀到《韓非子》，能勾起君王想瞭解這套統治理論的意念，就如同秦王嬴政對該理論大為讚賞云：「嗟乎，寡人得見此人與之游，死不恨矣！」〔註5〕只是這樣的資料在歷來研究韓非子哲學思想的前輩學者眼中，反倒是多將韓非子思想定位為專為君主利益立說的極權主義，並且多為負面評價。如太史公批評「嚴而少恩」、「其極慘礉少恩」〔註6〕。勞思光更是直接說韓非子思想「不唯與先秦諸子不同，且在世界哲學史上，亦屬一極為罕見之邪僻思想」、「就先秦思想全盤觀之，則發展至韓非子時，文化精神已步入一大幻滅、一大沉溺」。〔註7〕

　　當然也有其他學者抱持不同的看法，如宋洪兵所言：「宋儒對韓非子政治思想的批評，充滿太多濃厚的主觀成見乃至偏見，誤解甚至曲解隨處可見。」〔註8〕而上述前輩學者對韓非子思想產生誤解的主要原因，乃在於韓非子的思想處處與孔、孟所代表之儒家相悖，唐、宋以降，由於孔、孟所代表之儒家取得歷史正統的地位，韓非子的思想遂被視為異端邪說。〔註9〕現在的部分研究者更多以人權的認同觀點來否定韓非子的學術思想，疑似執溺在「以今非古」的片面繆誤之中，使得《韓非子》中學理上的問題並沒有獲得多方視角的細究。〔註10〕

　　韓非子學說立基於好利惡害、趨利避惡之人性觀，必然也依此觀點套用在「君」之所視。韓非子的學說著墨在運用法、術、勢的強制手段，不僅可讓國家免於滅亡，進一步更可讓君權穩固，明顯呈現出對於君王「有利於己」的觀點，使得君王自然而然願意行此公利至上之道。以《韓非子》的內容來看，韓非子緊扣著人性「自利自為」的主軸觀察，並將其效益與主體均歸在

　　　時，顯然將討論範圍限縮在接近『行為』的範疇（包含『行為』和『行為傾向』），進而從旁開展出『統治者該如何治理』等問題的探討。」朱弘道：〈對詹康〈韓非論人新說〉的反思〉頁150、152（113～158）。
〔註5〕韓兆琦：《新譯史記（六）列傳一》，頁2800。
〔註6〕韓兆琦：《新譯史記（六）列傳一》，頁2811。
〔註7〕勞思光：《新編中國哲學史（一）》，頁359、353。
〔註8〕宋洪兵：《韓非子政治思想再研究》，北京：中國人民大學，2010，頁30。
〔註9〕韋政通：〈韓非及其哲學〉，《現代學苑》第8卷第11期，1971年11月，頁441（441～449）。
〔註10〕張庭認為「法家踐踏人權、維護地主階級利益、阻礙社會發展。」參見張庭：《先秦法家法治思想與社會主義法治國家建設》，山東大學法學院碩士論文，2007，頁11。

「君」，並不是單純的「尊君」而已。如高柏園說韓非子「其國富兵強只是為人主而言為利矣」，〔註11〕熊十力亦說韓非子「對君權，不唯無限制，且尊其權，極於無上」。〔註12〕此點與荀子的尊君理念殊異甚大，「君德」與「利於君」的層次更顯天差地別。

《韓非子‧亡徵》中可見到韓非子以諸多覆亡之說和國破身死之禍，來警惕與要求君主必須克制私欲：

> 凡人主之國小而家大，權輕而臣重者，可亡也。簡法禁而務謀慮，荒封內而恃交援者，可亡也。群臣為學，門子好辯，商賈外積，小民內困者，可亡也。好宮室臺榭陂池，事車服器玩，好罷露百姓，煎靡貨財者，可亡也。用時日，事鬼神，信卜筮，而好祭祀者，可亡也。聽以爵不以眾言參驗，用一人為門戶者，可亡也。官職可以重求，爵祿可以貨得者，可亡也。……萬乘之主，有能服術行法，以為亡徵之君風雨者，其兼天下不難矣。

《韓非子》其餘篇章亦多有「為民」、「限君」之說，顯見韓非子思想並非單為君王之利益而論。君王最大利益之的衝突面即民亂生怨和亡國身死，所以君王要避免民亂生怨和亡國身死之大害就必須禁《韓非子‧亡徵》所列之欲、避《韓非子‧八說》所憂之亂，及行《韓非子‧定法》所舉之「法」與「術」。故君王便須克私為公（棄小利）及透過嚴刑峻法遏止自私自利（承小害），以圖存國安身之公共利益，即大利。〔註13〕所以張純、王曉波說：「韓非子之言在基本上是統治人民的學說，因此，一部分是談統治者應有的修養，另一部分是談統治者應如何對待人民。」〔註14〕韓非子為達其理想，所以只能採取藉君行道的途徑，這也就是韓非子立論基礎以君王為對象的原因。

是以，君主若能使國富而兵強，人民也就安定而富足，同時也成就了君主的尊貴甚至是成王稱霸天下的理想，也就是達成韓非子所謂「國治而兵強，地廣而主尊」，那可說是一種雙贏的關係。國治兵強則人民安富，人主因此也拓展霸權得到尊位，這樣的尊貴地位並不僅是針對人民而言，更可說是一種

〔註11〕高柏園：《韓非哲學研究》，頁152。

〔註12〕熊十力：《韓非子評論》，臺北市：臺灣學生書局，1984，頁4～5。

〔註13〕林育瑾：〈以韓非思想反思審議式民主的困境與可能〉，《國家發展研究》第15卷第2期，2016年6月，頁120（91～130）。

〔註14〕張純、王曉波：《韓非子思想的歷史研究》，臺北市：聯經出版事業公司，1994，頁37。

國際間的威勢；威勢越強越尊，敵國越是不敢進犯，如此人民也就越安全，這是相輔相成的。〔註15〕於是，韓非子所謂的權謀之論並非只是吹捧君王，而是對於富國強兵、救世濟民有著更深遠的理想。

二、君主民本的專制思想

梅仲協曾批評說：「我國二千餘年來，政治之所以未納正軌者，揆其原因，半誤於儒家，半惑於韓非子。」〔註16〕另熊十力亦說：「其害之中於國家民族者，二三千年而未拔也。」〔註17〕但是，關於該時代的政治體制漸趨於集權專制的國家形式，張純、王曉波有以下更清楚的說明：

> 由於井田制沒落，擁有井田的卿大夫們的勢力也沒落了。代之而起
> 的是，經濟的控制權，漸入私田主之手，而政治的權力漸漸集中到
> 國君之手。因此，當時的政治有著朝向集權制發展的趨勢。所以，
> 韓非所主張的新社會，其在政治上是以君權為中心的。這也就是說，
> 韓非有鑑於舊社會倫理基礎的「親親」已經破壞無遺，而要以君權
> 為中心的富國強兵為目的，以「自為心」為基礎，建立一套新的社
> 會倫理和政治倫理的規範。〔註18〕

由此可知，韓非子是為了適應當時中國因經濟等因素而逐漸形成的集權專制社會，企圖在這樣的政治形式中實踐他的學說與理想，才開展出其集權專制學說，〔註19〕並非是因韓非子的集權專制學說才使得中國走向集權專制，這樣的說法是「倒果為因」，與歷史的時序性發展有嚴重的矛盾。其實，周以來憑藉血緣關係維繫的宗法制度瓦解，使得政治體系轉向成為各諸侯國獨立專制的局面，政治權力也由貴族政治朝向階層體制的權威統治。也就是說，此一現象決不是僅單憑個人的主觀願望可以建立的，而亦有其政治和經濟的

〔註15〕曾暐傑：〈尊君原是為民——論韓非的集權專制思想以「利民」為目的〉，《應華學報》第 15 期，2014 年 6 月，頁 69（39～76）。

〔註16〕梅仲協：《法學緒論》，臺北市：中國文化大學，1985，頁 208。

〔註17〕熊十力：《韓非子評論》，頁 11。

〔註18〕張純、王曉波：《韓非子思想的歷史研究》，頁 82。

〔註19〕本文所言的集權專制思想是指政體由封建轉為郡縣制度之後，以君權的集中與思想文化的統一，並排除封建制度的權力合法分割與貴族分權之思維。「集權」也就是集中權力於君王一人，「專制」即是思想定於一尊，律法亦由君王所決定，一切權威判準皆歸於君王。韓非子如此的集權專制思想並不同於「極權主義」，極權主義不僅僅是專政，也是與法家的集權專制思想不符的。參見蕭公權：《中國政治思想史（上）》，頁 5、9、10、279。

需要，絕不能只歸於「半誤於儒家，半惑於韓非子」的執念當中。

　　《韓非子・外儲說左下》中說：「利所禁，禁所利，雖神不行。」說明禁止的事可以獲利，獲利的事反被禁止，縱使是神明也無法施行；同理可知，中國兩千年施行集權專制體制乃是時勢所趨，並非一人學說可承受之重。白彤東曾說：「所有這些歷史事實被那些不喜歡韓非子思想的人（比如儒家）用來說明韓非子政治思想的邪惡本質與不足。」〔註20〕高柏園也認為韓非子基本上是預先肯定了君勢的既成事實，而後謀以輔勢以成治。〔註21〕後代學者應暸解並掌握到一個客觀事實，也就是專制政體形成在先，而韓非子因為身處在這樣的時代背景中，深知該時代的政治體制漸已趨於集權專制。韓非子不過是認清現實並順勢利用其體制，藉以實現其利民的理想。

　　韓非子認為欲達富國強兵之實質之利，須有重耕戰的詳盡策略，然則欲推動此政策必有一個強有力的統治領導中心，才易收效。如蕭公權所言：「戰國時期政治之最大特點為君權擴張。」〔註22〕韓非子認為這個時候，一個強而有力的領袖出來領導是很需要的，因此，韓非子這樣任勢尊君的理論，可說是適時之論。〔註23〕

　　所以，順應現實上君王掌握一切資源與決定權，那麼治世的理論也就必然要透過君王才能實行；易言之，君王就是秩序的保證。那麼任何救世濟民的思想，也應該是幫助君王擴充權力，使其強大，大到足以抵禦外辱、進而兼併諸國，如此也就保障了人民的安全。《韓非子・功名》中說：「桀為天子，能制天下，非賢也，勢重也。堯為匹夫，不能正三家，非不肖也，位卑也。」說明韓非子認為賦予君王權勢是完善治理天下的重要條件，否則一切都是枉然。

　　對比《韓非子・顯學》中云：

> 孔、墨之後，儒分為八，墨離為三，取舍相反不同，而皆自謂真孔、墨；孔、墨不可復生，將誰使定後世之學乎！孔子、墨子，俱道堯、舜，而取舍不同，皆自謂真堯、舜，堯、舜不復生，將誰使定儒墨之誠乎！

〔註20〕白彤東：〈韓非子與現代性——一個綱要性的的論述〉，《中國人民大學學報》，2011 年 9 月，頁 53（49～57）。

〔註21〕高柏園：《韓非哲學研究》，頁 171。

〔註22〕蕭公權：《中國政治思想史（上）》，頁 20。

〔註23〕王讚源：《中國法家哲學》，臺北市：東大圖書公司，1991，頁 147。

此段詳細說出春秋戰國百家爭鳴，同時也是該時代混亂的原因之一，故白彤東對韓非子的看法表示認同，也就是「合理的擔憂：價值的多元會帶來國家的不穩定。」〔註24〕因為擔心多元價值的混亂，必須樹立絕對權威來穩定社會，也就是集權保證秩序。《韓非子・功名》中說：「人主者，天下一力以共載之，故安；眾同心以共立之，故尊。」《韓非子・八姦》中又說：「群臣百姓之所善，則君善之；非群臣百姓之所善，則君不善之。」君主的威勢來自天下人民共同的擁戴，所以，治國行政都必須要考量人民的想法，張純、王曉波把韓非子這種觀念稱之為「君主民本的專制思想」。〔註25〕

韓非子的此一思想源頭其實則來自於中國古代民本思想的傳統，並非憑空而生。如「天聰明，自我民聰明，天明畏自我民明威。」（《尚書・虞書・皋陶謨》）、「嗚呼！古我前后，罔不惟民之承保。后胥戚鮮，以不浮于天時。」（《尚書・商書・盤庚》）、「人無於水監，當於民監。」（《尚書・周書・酒誥》）都是中國古代民本思想之相關言論。《左傳》中更針對「設君」有相關說明：「天生民而樹之君，以利之也。」（《左傳・文公十三年》）、「天之愛民甚矣，豈其使一人肆予民上。以從其淫，而棄天地之性。」（《左傳・襄公十四年》）雖然此處還是認為君是由天所立，但也指出天樹君的目的，並不是為了單一人的利益，而是為了民之利，民之利應該也就是君之利。

設君本是為了利民，這是民本主義的正面闡釋，但是如果君主不這樣做，反而「一人而肆予民上」，人民就會忘掉原來的國君，擁戴他人為君。如《左傳・昭公三十二年》言「魯君世從其失，季氏世脩其勤，民忘君矣，雖死予外，其誰矜之？社稷無常奉，君臣無常位，自古以然。」於此清楚說明了國君失去人民擁戴的悲慘下場。《荀子・大略》更明白指出：「天之生民，非為君也。天之立君，以為民也。故古者，列地建國，非以貴諸侯而已；列官職，差爵祿，非以尊大夫而已。」細究韓非子的思想，仍保有中國古代的民本思想的痕跡，肯定為政之道必須以利民為本，並與荀子「為民」的思想有若干相符的基調。

三、從民智不可用到為民作主

但是韓非子所說的「利民」，並非單純的只是去滿足人民的欲望，對照《韓

〔註24〕白彤東：〈韓非子與現代性——一個綱要性的的論述〉，頁55。
〔註25〕張純、王曉波：《韓非子思想的歷史研究》，頁140。

非子・功名》中說：

> 今不知治者，必曰：「得民之心。」得民之心而可以為治，則是伊尹、
> 管仲無所用也，將聽民而已矣。民智之不可用，猶嬰兒之心也。夫
> 嬰兒不剔首則腹痛，不副痤則寖益，剔首副痤，必一人抱之，慈母
> 治之，然猶啼呼不止，嬰兒不知犯其所小苦，致其所大利也。今上
> 急耕田墾草，以厚民產也，而以上為酷。修刑重罰，以為禁邪也，
> 而以上為嚴。徵賦錢粟，以實倉庫，且以救饑饉、備軍旅也，而以
> 上為貪。境內必知介而無私解，并力疾鬥，所以禽虜也，而以上為
> 暴。此四者，所以治安也，而民不知悅也。

韓非子以為由於一般人目光淺短，只顧慮眼前，而忽略長遠的計量。因此君
王若要人民忍一時的不利，來換取長期更宏大的利益，往往會遇到反對。所
以人民就像懵懂無知的嬰兒，根本不知道什麼對自己是有利的，在上位者促
拓耕、制重刑、徵賦稅等，即使是對人民有利的，但人民卻以為苛刻、卻以為
嚴厲、卻以為君主貪婪，從此點就可顯現出人民的愚昧和無知。故韓非子認
為：「是以愚戇窳惰之民，苦小費而忘大利。」（《韓非子・南面》）

因此，為了人民真正的大利，君主不能一昧討好人民，甚至只求順應人
民的心意，一切還是要從國家利益角度著眼，才是真正為民興利。韓非子並
以幾段歷史經驗來加以驗證說明：

> 禹利天下，子產存鄭，皆以受謗，夫民智之不足用亦明矣。故舉士
> 而求賢智，為政而期適民，皆亂之端，未可與為治也。（《韓非子・
> 顯學》）

> 當此之時，秦民習故俗之有罪可以得免，無功可以得尊顯也，故輕
> 犯新法。於是犯之者，其誅重而必；告之者，其賞厚而信。故姦莫
> 不得，而被刑者眾，民疾怨而眾過日聞。孝公不聽，遂行商君之法，
> 民後知有罪之必誅，而告姦者眾也，故民莫犯，其刑無所加。是以
> 國治而兵強，地廣而主尊。（《韓非子・姦劫弒臣》）

由歷史經驗可知，夏禹、子產和商鞅當初推行政令新法之初，都同樣受
到人民的抱怨與反抗，「獨斷」一開始都會引致人民短期的不滿，但這「獨斷」
雖看似以「君國利益」做為先決條件，但持續施行後的結果卻都是好的。人
民短期的不滿終究將被具體的政治績效所沖淡，顯示出韓非子「民智之不可
用」的統治基調。而這類思想亦可在《論語・泰伯》中找到相關論述（民可使

由之，不可使知之），指出要求人民做事還容易，要求人民明白做事的道理那
就困難了。〔註26〕從此話可知韓非子的思想在中華文化中並非毫無脈絡可循。
從「可與為治」、「國治而兵強」這兩句話，就可以明顯瞭解到韓非子理論中
含有以富國強兵之公利而進一步蘊含「利民」的理想性色彩。

對照韓非子說：「國無常強，無常弱。奉法者強，則國強；奉法者弱，則
國弱。」（《韓非子・有度》），又說「夫國治則民安，事亂則邦危。」（《韓非
子・制分》）、「民安而國治；能去私行，行公法者，則兵強而敵弱。」（《韓非
子・有度》）。確實可看出韓非子所在意與追求的正是國家的富強，只是若從
「國治則民安」、「民安而國治」這兩句來看，可看得出在韓非子眼中「國治
與民安」實是一體兩面，密不可分，也就是前述所提，韓非子確實有把「利
民」納入其政治理想的藍圖之中。

另外依據「聖人之治民，度於本，不從其欲，期於利民而已。故其與之
刑，非所以惡民，愛之本也。」（《韓非子・心度》）、「人主者明能知治，嚴必
行之，故雖拂於民心，必立其治。」（《韓非子・南面》）、「立法術、設度數，
所以利民萌，便眾庶之道也。」（《韓非子・問田》）此三段來看，「立法術、設
度數」是為了設立一個全國上下都共同遵守，不輕易變動的良好國家制度。
此一制度就是「法治」，此不僅僅是治國的根本，更是利民的基礎。為了建立
「法治」，必須以強制手段讓全國上下依循，即使人民因不瞭解君主的深意而
產生不諒解，君王也絕不能因此改弦易轍。「明法」、「嚴刑」都是國家邁向富
強的手段，因為在這麼一個「爭於氣力」的時代環境中，唯有通過「法」和
「刑」，才能免於國家的衰危滅亡。

錢穆說：「韓非子之所注重則僅在富強。而彼心中之富強，則是專屬於統
治階層的。」〔註27〕雖然韓非子的法思想是為君主統治立說，他所論的法、
術、勢，最後也都歸結於國君的集權，但是，韓非子心中的富強卻並不專屬
於統治階層，而是屬於每一個國民的。是以，韓非子認為治國必須「正明法、
陳嚴刑」才能達到「救群生之亂，去天下之禍，使強不陵弱，眾不暴寡，耆
老得遂，幼孤得長，邊境不侵，君臣相親，父子相保，而無死亡繫虜之患」
（《韓非子・姦劫弒臣》）。在那個烽火連天、一片混亂，「死士之孤，飢餓乞
於道」、「斷頭裂腹，播骨乎原野者，無宅容身，身死田奪」（《韓非子・詭使》

〔註26〕謝冰瑩、李鍌、劉正浩、邱燮友、賴炎元、陳滿銘：《新譯四書讀本》，頁152。
〔註27〕錢穆：《中國思想史》，臺北市：臺灣學生書局，1985，頁81。

的時代裡，韓非子以國家富強為要、以保衛國民為目標，冀望國土避免強敵侵凌，企盼人民能免於離亂悲苦，不受戰爭危害、不被死亡陰影籠罩，也就是冀望人民在社會正義、社會福利、國家安全以及人倫和諧上能有所保障與滿足。

　　雖然歷來學者多以為韓非子的律法是以刑罰為主體，對人民的壓迫甚深，更屢屢針對其學說的殘酷面提出批判。如陳拱這樣說的：「韓非的用心實在恐怖，其對臣民的要求實在殘酷。就必罰明威而言，其所強調的就是嚴行峻罰。」〔註28〕但是細讀《韓非子‧喻老》中的「賞罰者，邦之利器也。」，還有《韓非子‧姦劫弒臣》中的「民後知有罪之必誅，而告姦者眾也，故民莫犯，其刑無所加。是以國治而兵強，地廣而主尊。」會覺察「刑罰」對韓非子而言，並不是君主宰制人民的武器，而是安定國家的利器，其重刑罰的目標正是富國強兵而利民為目的。韓非子提出刑罰不是因為厭惡人民而設，反而是因為愛護百姓而立，他駁斥「重刑傷民」說法可在《韓非子‧六反》中找到：

> 今不知治者，皆曰：「重刑傷民，輕刑可以止姦，何必於重哉？」此不察於治者也。夫以重止者，未必以輕止也；以輕止者，必以重止矣。是以上設重刑者而姦盡止，姦盡止，則此奚傷於民也！所謂重刑者，姦之所利者細，而上之所加焉者大也；民不以小利蒙大害，故姦必止者也。所謂輕刑者，姦之所利者大，上之所加焉者小也；民慕其利而傲其罪，故姦不止也。故先聖有諺曰：「不躓於山，而躓於垤。」山者大、故人順之；垤微小，故人易之也。今輕刑罰，民必易之。犯而不誅，是驅國而棄之也；犯而誅之，是為民設陷也。是故輕罪者，民之垤也。是以輕罪之為道也，非亂國也，則設民陷也，此則可謂傷民矣！

　　重刑如同龐大的山岳，一般人不會被山岳絆倒；輕刑如微小的土堆，一般人反倒因為輕視小土堆而容易被絆倒。韓非子認為如果國家將法訂得很輕微，將使人民因輕視刑罰而屢屢觸法，這等同是國家故意設陷阱去傷害人民。關於韓非子罪刑輕重的論述，王邦雄有以下清晰的解釋說明：

> 此言在利害之計量下，重刑則姦偽者之所害者大，所利者小，輕刑則其所害者小，所利者大，故重刑足以止姦，輕刑反而傲罪。重刑

〔註28〕陳拱：《韓非思想衡論》，臺北市：臺灣商務印書館，2008，頁272。

之殘忍，足以有姦盡止之結果；而姦既已盡止，又於民何傷，此即所謂「前苦而長利」。輕刑之仁慈，必有姦不止之終局；姦既不止，無異為民設陷，此即「偷樂而後窮」。故重刑者始為愛民，輕刑者反為傷民。由是可知。法雖禁於已然之後，若用之得當，刑罰必於民心，亦有其防範未然之功。重輕罪，則小過易去；小過不生，則大罪不至。是以重刑之後效，乃人無罪，亂亦不生。此即「以刑去刑」的教育功能。〔註29〕

依韓非子的說法，他不希望百姓受到懲罰，所以刑度就必須加重，因為百姓害怕重刑罰，就絕不敢以身試法，如此百姓自然能夠依君主所訂之法行事。久之，百姓不但不會受到刑罰之傷害，更能夠安定生活。韓非子說：「不忍誅罰，則暴亂者不止。」（《韓非子・姦劫弒臣》）、「今緩刑罰，行寬惠，是利姦邪而害善人也，此非所以為治也。」（《韓非子・難二》）依上述，韓非子認為刑罰雖然可怕，但是卻可以保護善良人民，因為假使暴亂沒有受到抑制，那麼善良百姓就會受到傷害。如《韓非子・六反》說：

殺賊，非治所殺也；治所殺也者，是治死人也。刑盜，非治所刑也；治所刑也者，是治胥靡也。故曰重一姦之罪，而止境內之邪，此所以為治也。重罰者盜賊也，而悼懼者良民也，欲治者奚疑於重刑！……是以上設重刑者而姦盡止，姦盡止，則此奚傷於民也！

韓非子對於重刑乃賦予治亂安民的任務與功效，並注入治國與利民（良民）的深刻意義，對那些犯罪分子依法嚴懲，收以儆效尤之效，可讓善良人民有所警惕而不敢犯法。所以嚴刑峻罰對於善良人民就不會有害，又可將為非作歹之徒除盡，等同保護了善良人民的安全與利益。由此，可以看出韓非子嚴刑峻法中帶著以利民為目的的深遠理想，這點是不可抹煞的。

當然，我們不能奢求兩千多年前的韓非子具有民主思想，再加上先秦時期的「民」在某種意義上的確就是「愚昧無知」的同義詞，〔註30〕關於此，張素貞頗有深入之探析：

古代民智未開，人民受教育的機會極少，政治家的睿見往往不能被識淺的百姓所理解，以帝王政治理想來說，強調若是有把握是為民造福，為國謀利，不妨獨斷，因為「民不可與慮始，而可與樂成」

〔註29〕王邦雄：《韓非子的哲學》，頁159。
〔註30〕宋洪兵：《韓非子政治思想再研究》，頁145。

（《史記·商君列傳》）〔註31〕，這種說法是可以成立的。〔註32〕
故韓非子以為民智無法信任，人民的教育或智慧水準不足以判斷是非良莠，
因而建立須要一個上位者來替人民立法、執行的邏輯思維，實質上也是一種
為民設想的思考進路，而以當時的客觀環境來看，韓非子以為「民智不可用」
而發展出「為民作主」的極權專制學說，確實是有切合實際應用的正當性與
合理性存在。

第二節　韓非子的法、術、勢

　　前述已提到，韓非子從「民智不可用」而發展出「為民作主」的措施就
是要由上位者替人民立「法」。韓非子主張以「法」治國，以為國家之強弱存
亡，一在於「法」；徒法不能以自行，有賴人以行之，而人之智愚良莠不齊，
又必濟之以「術」，乃可責效防姦；然僅有法術而無「勢」，君主仍不能制馭其
臣，以治其國，則又有賴賞罰權以固其勢。〔註33〕於是韓非子在人性自利假設
的基礎上，有選擇地把商鞅的「法」治、申不害的「術」治、慎到的「勢」治，
進行整合統一，構成了一套以「法」、「術」、「勢」三者相結合的理論體系，而
成為先秦法家思想的集大成者。接著就將韓非子的法、術、勢做簡單分析。

一、法

　　韓非子尚法，而法在前人的思想中，有可絕獄斷事、刑罰止惡之義。姚
蒸民就曾表示法家所謂之法，並非今日所謂之「刑法」，亦非泛指一般法律，
而是基於如何實現國家富強政策，並在因應情勢需要之下，用以齊民使眾、
設政施治之客觀標準。〔註34〕因此韓非子哲學中所探討的「法」，其意義與內
涵都較現今所謂「法律」的概念來說實更為寬廣。所以應用廣義的眼光來審
度韓非子所言之「法」，其指的乃是實現富國強兵所提出的綱領與準繩。對於
「法」的定義，從形式上而言，在《韓非子》中有以下三種解釋：

> 法者，編著之圖籍，設之於官府，而布之於百姓者也……故法莫如
> 顯，而術不欲見。（《韓非子·難三》）

〔註31〕韓兆琦：《新譯史記（六）列傳一》，頁2942。
〔註32〕張素貞：《韓非子的實用哲學》，臺北市：中央日報出版部，1989，頁109。
〔註33〕姚蒸民：《韓非子通論》，頁241。
〔註34〕姚蒸民：《韓非子通論》，頁165。

> 法者，憲令著於官府，賞罰必於民心，賞存乎慎法，而罰加乎姦令
> 者也，此人臣之所師也。（《韓非子‧定法》）

> 法不阿貴，繩不撓曲。法之所加，智者弗能辭，勇者弗敢爭。刑過
> 不避大臣，賞善不遺匹夫。故矯上之失，詰下之邪，治亂決繆，絀
> 羨齊非，一民之軌，莫如法。（《韓非子‧有度》）

簡單來說，從上述《韓非子》就「法」的定義解釋來看，法是「編著之圖籍」，顯然「法」在形式上是要明文所記載的，也就是成文法；再者「布之於百姓」就是指「法」是要公布的，也就是必須按照「法」的精神，制定成文法並予以公布，作為衡量人們言行是非和進行賞罰的唯一標準。「賞存乎慎法，而罰加乎姦令者也」就是要君主以「賞」、「罰」二柄作為貫徹法令，藉此「彰顯君權」。並以「法不阿貴，繩不撓曲」指出「法」之重要原則：公平公正。

韓非子之「法」與儒家之「禮」相異，「禮不下庶人」乃貴族社會之行為規範，而韓非子的「法」是具有普遍性的，貴族、家臣、庶人一律均須遵守。在封建時代，貴族與庶人，階級地位迥然不同。維繫貴族秩序的是禮，統治庶民社會的是刑，所謂「禮不下庶人，刑不上大夫」，身份的不同，有可能同一套法律會不適用，此充分顯示貴族與庶人地位的不平等。韓非子以「墨繩」做為供作用的測量工具來比喻認為，不論貴族或庶人，一體受「法」的約束，也一體受「法」的保障。姑且不論此是否為時勢所趨的因應，但也不得不承認此一觀念引領了中國政治史及社會史躍進了一大步。除此之外，《韓非子‧有度》中說：

> 明主使法擇人，不自舉也；使法量功，不自度也。能者不能弊，敗
> 者不能飾，譽者不能進，非者弗能退，則君臣之間明辨而易治，故
> 主讎法則可也。

韓非子認為百姓、臣子不但要受法的節制，君主也在法的規範之中，法既是上下共守，其普遍性至為明顯，「人主者，守法責成以立功者也。」（《韓非子‧外儲說右下》）更是明確指出國君也必須在法的制約之中。因為將國君也納入法的制約之中，就不難明白「明主之道，必明於公私之分，明法制，去私恩。」（《韓非子‧飾邪》）的意義，韓非子就是企盼公平的「法」能確切施行，國君首先需要明白公私的分際，由自身做起，明法制去私恩，示天下以

大公，公平的政治乃可期其實現。〔註35〕

　　另外，一旦論及「法」的平等性，必定涉及賞罰的標準，在韓非子，堅持賞的標準是「功」，但不可依君主的私愛而賞；罰的標準是「罪」，但不可依君主的私惡而罰。所以韓非子說：「明主賞不加於無功，罰不加於無罪。」（《韓非子‧難一》）。賞罰因人情而生，成為法的實質。利用人情的效益要達到最大，就不能不加重賞的勸功和效果，也不能不加強罰的禁姦的力量，於是立法時要注意重賞嚴刑的原則。「信賞必罰」是法家的重要觀念，也是法律能被信守的關鍵。即賞罰完全依乎法之衡定，凡有利於君國而合乎法者，必賞；凡有害於君國而反乎法者，必罰。法為決定賞罰輕重的唯一標準與最高原則，不容許有無功者受賞，有罪者得免罰之是非顛倒的事項發生，否則法敗而亂政，國無以為治矣。所以韓非子一再強調法令必須貫徹，賞罰是制裁，信必是徹底執行，韓非子以賞罰做為制裁的工具，而且必然執行，甚至主張厚賞重罰以求更高的效率。他認為強制性的法可以「不恃人之為吾善也，而用其不得為非也。」（《韓非子‧顯學》）這就是韓非子主張治國不務德而務法的理由。「法」的強制性主要是針對「罰」而言，因對於「賞」，並不需要強制，人們自然會趨之若鶩，也就是必須用「法」的強制性，來讓人民的言行合於法的準則。

　　天下臣民在趨利避害之心的驅使下，自會循法而行，同趨君國之公利。又信賞必罰惟於「厚賞重罰」之下，始有其勸禁之效能。厚賞重罰由法之明文規定，信賞必罰則由勢之強制執行。〔註36〕由於人之常情，每每「驕於愛，聽於威」（《韓非子‧五蠹》），所以重「罰」而成「使民畏之」之效，往往比「賞」更有威力。「古之善守者，以其所重，禁其所輕；以其所難，止其所易。故君子與小人俱正。」（《韓非子‧守道》）就說明重罰重刑之說，並非刻薄寡恩以傷民，韓非子認為刑罰如果比較重，大家也會比較不敢犯罪，刑罰就帶有它預防犯罪的效果了，所以韓非子不採對等報復主義而採重刑主義，實寓以「以刑去刑」之教育性。誠如陳啟天所說：「韓非子政治學中的法論，就是一種以法治國的理論。這種理論，不是純粹的法理論，也不是純粹的政治論，而是參合法理於政治之中，以適應戰國時勢的一種新理論。」〔註37〕

〔註35〕徐漢昌：《韓非的法學與文學》，臺北市：維新書局，1979，頁103。

〔註36〕王邦雄：《韓非子的哲學》，頁157。

〔註37〕陳啟天：《增訂韓非子校釋》，1969，頁953。

此外，韓非子對法令的穩定性十分重視，如「法莫如一而固，使民知之。」（《韓非子・五蠹》）、「法禁變易，號令數下者，可亡也。」（《韓非子・亡徵》）也就是說強調法律最好能夠統一並且穩固，使人民易知易懂易守。「法」雖然是穩定的，但在客觀環境改變時，要適時變法，以為配合因應。所以《韓非子・心度》中說：

> 法與時轉則治，治與世宜則有功。故民樸而禁之以名則治，世智而維之以刑則從。時移而法不易者亂，世變而禁不變者削。故聖人之治民也，法與時移，而禁與世變。

韓非子認為社會的客觀會隨著歷史的時代而改變，所以「法」也該與時俱進。此一說法，看似與上一個部分（韓非子認為「法」要統一並且穩固）產生矛盾，但是就其思路探究，韓非子應是想強調的是「法」的原則不變、只是執行方式需有「應時制宜」的特點，與前述第三章中提到韓非子的「變古治今之歷史觀」有一致的基調。

法家有鑒於周朝封建體制業已崩潰，弊端百出，傳統的「禮」再也不能維繫社會秩序，於是把「法」取代了「禮」，對應時代的需要，以「法」的成文客觀、普遍、公正、平等、強制、權威、易知易行、原則穩定、執行方式則因時制宜等特質和功用，取代了傳統「刑」的階級性、秘密性，做為治國的最高準繩，這是人類政治的一大進展。韓非子的學說強調即時的功利效果，遂將儒家禮法轉化為嚴刑峻法。他認為私心往往是爭端的禍源，以「法」治國，強調利用法律來施行治國之道是法家的基本原則，立法以求大眾價值之統一在當時動盪的社會顯得非常重要。韓非子立法的本義，即在建立一國上下臣民共守的法制，以為治國恆常之道，〔註38〕及避免公私之爭及臣君之利衝突。「法」是韓非子政治哲學的中心，在順人情之好惡，與尊君重國之價值觀間，搭建溝通的橋樑，使天下臣民從好利自為心出發，透過法之賞罰的誘導，使直趨君國之公利。王讚源曾這樣讚許韓非子的「眼光獨到」：

> 韓非未嘗不知道儒家說的「仁者無敵」、「為政以德」的理想很高，境界很美，只是在那爭氣力的戰國時代行不通。他說的法是以必然的賞罰為制裁，這樣便有拘束力，有了拘束力，便可以責效求功，在亂世之中拿來治國。這是他眼力獨到，認清時務的地方。〔註39〕

〔註38〕王邦雄：《韓非子的哲學》，頁147。
〔註39〕王讚源：《中國法家哲學》，頁113～114。

　　韓非子所說的「法」，在內容上強調「厚賞重罰」，在功用上期望「以刑去刑」。明顯建基在利用人的自為心，來實施「賞罰禁令」。以最終目標來看，韓非子的「法」是建立及維持集體制度之安定的總稱。

二、術

　　術治之說濫觴於申不害，亦與尊君有關，更與世卿制度廢棄後之政治需要相應。春秋戰國之世，弒君專國之事屢見，〔註40〕至戰國而益之以竊國奪位。推其原因，歸咎於君主御臣之無術，對於臣，若人君無術以判別其能否、無術判別其心所測，又人君無術以辨別忠姦，則必導致國危位替。所以韓非子對於「人君之術」十分著重，《韓非子》中關於「術」的定義有下列兩者，先來看《韓非子‧定法》中說：

> 術者，因任而授官，循名而責實，操殺生之柄，課群臣之能者也；
> 此人主之所執也。法者，憲令著於官府，賞罰必於民心，賞存乎慎
> 法，而罰加乎姦令者也：此人臣之所師也。君無術則弊於上，臣無
> 法則亂於下，此不可一無，皆帝王之具也。

　　若從積極面著眼，第一個定義的「術」也可解釋為君王是對臣下的考核和任用，這種「術」和現代管理學有相通之處，談不上陰暗權謀。韓非子認為對於人事物須予以檢驗並給予回饋，「因任而授官」係指依能力給予官位，乃檢驗實質而給予形式；「循名而責實」係指依官位要求職責，乃檢驗形式而要求實質。易言之，「術」是君主駕馭群臣的方法，是權力的一種手段，更是統御臣屬的技巧。君主依臣民的才能授予官職，再以「循名責實」的辦法來考察臣屬是否忠於職守和遵循法令，經過這樣的考核，君主便可運用自己掌握的賞罰大權對名實相符者行賞，名實不符者施罰，這是韓非子「治吏」的管理原則。

　　再來看關於「術」的第二個定義，可在《韓非子‧難三》中找到：

> 術者，藏之於胷中，以偶眾端，而潛御群臣者也。故法莫如顯，而
> 術不欲見。是以明主言法，則境內卑賤莫不聞知也，不獨滿於堂；
> 用術，則親愛近習，莫之得聞也，不得滿室。

　　韓非子將「術」訂為君王專用，並將「術」建立在必須維持高深莫測、極為神秘之感，但是依其論述，韓非子並非想以「術」造成臣下之恐懼，其強調

〔註40〕見於《春秋》的記載，弒君就有十一次。轉引自王讚源：《中國法家哲學》，
　　　　頁 79～80。

術為隱而不顯，根本著重在臣屬之恐懼或坦然，結果乃依臣屬之「行為與動機」而定，而非「術」的本質所影響。

綜上所述，「術」是人君暗中馭用群臣，為人君效忠、盡智、盡力的謀略。關鍵點就是，韓非子從其「皆挾自為心」的人性觀點出發，他假定君臣之間絕無仁愛信義，彼此以「利害關係」相依，這也等同否定了原來在「禮治」下那種親親的宗法原則。韓非子認為，下臣們覬覦君王之權且莫不期以伺機取而代之，韓非子生動的以「上下一日百戰」（《韓非子·揚摧》）來描述其關係，使得「術」在運用上，不免摻雜了君王「挾自為心」的人性觀點；也就是國君鞏固其統治地位時，那份臨淵履薄的心情。

另韓非子將「法」與「術」對比列舉，提出若人主無「術」以制其臣，人臣亦不能用「法」以治其民，在邏輯上呈現出「君—臣—民」的「高層—中介—基層」關係。韓非子常法術並論，「法」與「術」乃其思想的兩個主軸，「法」的作用在治民定國，「術」的作用在安君馭臣。〔註41〕蕭公權認為「法」與「術」的區別在：法治之對象為民，術則專為臣設，此其一。法者君臣所共守，術則君主所獨用，此其二。法者公布眾知之律文，術則中心暗運之機智，此其三。〔註42〕「法」、「術」二者作用雖異，但必須相輔相濟，「服術行法」（《韓非子·亡徵》）中指出單把握一端，皆不足深識其精義。由此可悉「術」之對象是臣屬，而「術」之執掌人仍是君主。此類防止君王統治權被削弱甚至被篡奪所用的「藏之於胸中」、「不欲見」、「親愛近習，莫之得聞」的「術」，牟宗三認為韓非子的「術」私密而為君獨用，導致「絕對尊君」的惡果。〔註43〕但是也因為韓非子將「術」歸為君獨有，使得其學說深得「君」之青睞。

韓非子主張用「術」的原因大抵有二：知人善任〔註44〕和禁姦防私〔註45〕。一個人的力量是有限的，君主的智慧不可能瞭解所有的事物。韓非子認為只

〔註41〕韋政通：〈韓非子及其哲學〉，頁444。

〔註42〕蕭公權：《中國政治思想史（上）》，頁258。

〔註43〕牟宗三說：「法是客觀的，而術則是大皇帝一個人的運用，是秘密。這是個很壞的觀念，絕對的尊君，以致大皇帝成了無限的存在，不受任何法律的限制。」參見牟宗三：《中國哲學十九講》，頁169。

〔註44〕「力不敵眾，智不盡物，與其用一人，不如用一國。故智力敵，而群物勝，揣中則私勞，不中則在過。下君，盡己之能，中君，盡人之力，上君，盡人之智。是以事至而結智，一聽而公會」（《韓非子·八經》）

〔註45〕「主利在有能而任官，臣利在無能而得事；主利在有勞而爵祿，臣利在無功而富貴；主利在豪傑使能，臣利在朋黨用私。」（《韓非子·孤憤》）

懂得靠己力的是下等的君主；能使人盡力的是中等的君主；能使人盡智的才是上等的君主，睿智的君主必要以「術」來「知人善任」。從自利自為的人性觀來看，君臣的利益必有衝突，如果君主無「術」，那臣下就容易蔽上營私，依照「君—臣—民」的「高層—中介—基層」關係來看，臣下很可能依「勢」壯大，君主一不小心，權位就會被取而代之，禁姦於未萌，所以為了禁姦防私，不可不用「術」。基於此，韓非子認為「有術之君，不隨適然之善，而行必然之道。」（《韓非子‧顯學》）

　　上述「術者，藏之於胸中，以偶眾端，而潛御群臣者也」即為一種「無為」之術。「無為」是道家政治的最高理想，《韓非子‧主道》以道家無為之道，建立法家為君之術，但韓非子談無為術的精巧，已非道家的本來面目，名詞雖同，實質卻全然相異。韓非子認為君主若有主觀上的好惡，則臣下必各匿其本性，以投君主之所好，所以君主無為的原因，便是要臣下無由飾外諂媚，君主唯有掩情匿端，才能杜絕臣下之姦。〔註46〕可見君主無為，當然不是什麼事都不做，而是要使臣盡其慮而斷事。〔註47〕另從「臣有其勞，君有其成功」（《韓非子‧主道》）可知，君主只要公正考核，自然能無為。

　　老子的無為是「去掉人為造作」，而韓非子的無為卻是「刻意的人為造作」，「無為」轉而被解釋為是君王用術的一種手段，也就是人主處虛執要、深藏不露的御臣方法。無為之術其中的關鍵就在於君王不示好惡，讓臣子無法窺知君主心意。針對無為術，各學者看法不同。熊十力認為韓非子之術，終不免出於陰深，流於險忍。〔註48〕但是陳啟天認為：「所謂無為，便是要君王謹言慎行，以靜制動而已。」〔註49〕此一部份，王邦雄的分析更為深入，他以為「君之好惡不見，惟依常法行之，以斷臣下自飾迎合之念，是則臣下可知可用，而常法可行矣。」〔註50〕

　　「循名實而定是非，因參驗而審言辭。是以左右近習之臣，知偽詐之不可以得安也。」（《韓非子‧姦劫弒臣》）說明了韓非子認定「循名責實」不僅

〔註46〕「君無見其所欲；君見其所欲，臣將自雕琢。君無見其意；君見其意，臣將自表異。故曰：去好去惡，臣乃見素；去智去舊，臣乃自備。」（《韓非子‧主道》）

〔註47〕「明君之道，使智者盡其慮，而君因以斷事，故君不窮於智。」（《韓非子‧主道》）

〔註48〕熊十力：《韓非子評論》，頁42。

〔註49〕陳啟天：《增訂韓非子校釋》，頁962。

〔註50〕王邦雄：《韓非子的哲學》，頁190。

要求「形名參同」，還要加上實際的考核、真偽的考核。「濫竽充數」的寓言〔註51〕就說明了韓非子反對浮華虛辭，主張要以「循名責實」來考核官吏，著眼於臣下的言論是否和實際功效相同，同時他也主張分層負責，政府官員各有職司，不得越權，如此的考核制度和人事管理，這些理論縱使放在現代社會也依舊有參考價值。

除了「循名責實」的功能之外，術的「參驗」功能可在（《韓非子・八經》）找到：

> 參伍之道：行參以謀多，揆伍以責失。行參必折，揆伍必怒。不折則瀆上，不怒則相和。折之微，足以知多寡；怒之前，不及其眾。觀聽之勢，其徵在罰比周而賞異，誅毋謁而罪同。言會眾端，必揆之以地，謀之以天，驗之以物，參之以人。四徵者符，乃可以觀矣。
>
> 參言以知其誠，易視以改其澤，執見以得非常。

由上述可知參驗術的原則是「行參必折，揆伍必怒。」也就是要或三或五、錯綜的考察其臣，行參必「折」是就所詢得的意見反復詰問，而揆伍必「怒」則是要態度嚴厲，但責罰僅及領導的人，不擴及盲從的群眾，而且「罰比周而賞異，誅毋謁而罪同」，使臣下不得比周。韓非子認為參驗術可以知姦〔註52〕、可以知人〔註53〕、還可以審言辭的真假。〔註54〕察姦和聽言都是參驗術的一些基本內容，〔註55〕聽言為參，參者必入微；察姦為驗，驗者必嚴厲。由此可知臣下其才能之大小，可知其行為之忠姦。也因此使臣下不敢朋比為奸。〔註56〕

〔註51〕「齊宣王使人吹竽，必三百人。南郭處士請為王吹竽，宣王說之。廩食以數百人。宣王死，湣王立，好一一聽之，處士逃。」（《韓非子・內儲說上》）

〔註52〕「不任典成之吏，不察參伍之政，不明度量，恃盡聰明、勞智慮，而以知姦，不亦無術乎？」（《韓非子・難三》）

〔註53〕「不以功伐決智、行，不以參伍審罪過，而聽左右近習之言，則無能之士在廷，而愚污之吏處官矣。」（《韓非子・孤憤》）

〔註54〕「偶參伍之驗，以責陳言之實；執後以應前，按法以治眾，眾端以參觀。」（《韓非子・備內》）、「聽以爵不以眾言參驗，用一人為門戶者，可亡也。」（《韓非子・亡徵》）

〔註55〕謝雲飛分類歸納出察姦六術和聽言五術，其中察姦六術為權借在下、利異外借、託於似類、利害有反、參疑內爭、敵國廢置，聽言五術為聽不懷愛、前後不悖、鑒外明古、巧辯不惑、言行合一。參見謝雲飛：《韓非子析論》，臺北市：東大圖書公司，1980，頁88～93。

〔註56〕李甦平：《韓非》，臺北市：東大圖書公司，1998，頁201。

　　關於「因任而授官」，韓非子也認為：「故明主之吏，宰相必起於州部，猛將必發於卒伍。夫有功者必賞，則爵祿厚而愈勸；遷官襲級，則官職大而愈治。夫爵祿大而官職治，王之道也。」(《韓非子‧顯學》)說明宰相、大將這些高階層的官吏，若沒有經過一定的磨練，是無法擔當大任的。因為有效的治理需要經驗的累積，意味著韓非子認為官員必須從基層開始學習，再循序升遷之原則。

　　綜上可看得出，戰國時期的君主，一方面要用「術」控制文武百官，另一方面要使客觀的「法」執行。就「術」的層面來說，是喜怒不形於色，並隨之以「賞罰不測」；就「法」的執行層面，是「信賞必罰」，這「信賞必罰」與「賞罰不測」並不衝突。〔註57〕以「術」求知人與用人之明，人主用以任使群臣，授與其才能相稱的職責，用以考核群臣施政的績效，求其名實相符，職位與事功相合之功。就時代背景看來，韓非子「術」論中其實也突顯了其思想中的光明面，也就是韓非子強調「因任授官」、「循名責實」，包含了用人唯才、實事求是的實證主義精神。

三、勢

　　「勢」在《韓非子》中就是「勢位」、「威勢」或「權」、「柄」，其涵義相當於近代所謂之主權或統治權。「萬物莫如身之至貴也，位之至尊也，主威之重也，主勢之隆也。」(《韓非子‧愛臣》)、「勢者，勝眾之資也」(《韓非子‧八經》)，都說明勢是命令與服從的強制關係所需的權力，這種統治眾人所需之權力，它是具有普遍性與至高性，此與現在所稱國家之統治權，性質可謂接近。韓非子又稱「勢之為道也無不禁。」(《韓非子‧難勢》)所謂無不禁即言勢之運用，具有普遍之強制力。以此「勢」之普遍之強制力，自然可以禁暴止亂，而使舉國之內，臣服於君主統治之下。〔註58〕關於韓非子的「勢」，先以《韓非子‧難勢》中的兩段對比來看言：

> 慎子曰：「飛龍乘雲，騰蛇遊霧。雲罷，霧霽，而龍蛇與蚯蚓同矣，
> 則失其所乘也。故賢人而詘於不肖者，則權輕位卑也；不肖而能服

〔註57〕牟宗三：《中國哲學十九講》，頁169。
〔註58〕「故敵國之君王，雖說吾義，吾弗入貢而臣；關內之侯，雖非吾行，吾必使執禽而朝。是故力多則人朝，力寡則朝於人；故明君務力。夫嚴家無悍虜，而慈母有敗子，吾以此知威勢之可以禁暴，而德厚之不足以止亂也。」(《韓非子‧顯學》)

於賢者，則權重位尊也。堯為匹夫，不能治三人；而桀為天子，能
亂天下。吾以此知勢位之足恃，而賢智之不足慕也。夫弩弱而矢高
者，激於風也。身不肖而令行者，得助於眾也。堯教於隸屬，而民
不聽。至於南面而王天下，令則行，禁則止。由此觀之，賢智未足
以服眾，而勢位足以詘賢者也。」

夫堯、舜生而在上位，雖有十桀、紂不能亂者，則勢治也。桀、紂
亦生而在上位，雖有十堯、舜而亦不能治者，則勢亂也。故曰：「勢
治者則不可亂，而勢亂者，則不可治也。」此自然之勢也，非人之
所得設也。

　　自然之勢是指天生承襲、世襲或因緣際會時所得到的權力和地位，也可
以說自然之勢是指「時勢」、「趨勢」或「勢位的承襲」等此類自然規律而言。
由上述兩段引文，可以看到儒家的觀點：認為應該重視龍蛇，龍蛇是主體的
賢能，所以儒家重視主體的修養。而慎到注重客觀的情勢，也就是指天子的
權位，這是兩家的不同說法。慎到是由道入法的關鍵人物，因此他同時兼有
雙重學術性格，道家是把人為取消，讓政治回到自然本身，所以慎到的「勢」
是自然的意思，桀是人為，當把人為的因素取消的話，那個造成天下亂的因
素就不存在，所以「勢」的本身就可以治，「勢」回到自然就可以治。〔註59〕
再以儒家賢治說的眼光來看，「勢」要有規範，權力要有道德的貞定，所以儒
家重視主體的修養。

　　韓非子認為慎到的「自然之勢」是一種消極的自然規律，不足以拯救韓
非子當時所處的戰國亂世，於是韓非子在「自然之勢」的基礎上，更強調了
人的主體性以及君主權勢的運用。〔註60〕韓非子的「人設之勢」可謂特為中
人君主之所立論，強調中人之治。因為大部分君主均係中材之主，雖不如堯、
舜般賢明，但也不像桀紂般暴虐，君主之賢者與暴虐者均屬少數。基於此，
王邦雄對於韓非子法勢之治，認為依照現實狀況將在上位者設計為「中人」
的論述確有其道理：

〔註59〕王邦雄：〈從儒法之爭看韓非哲學的現代意義（下）〉，《鵝湖月刊》第92期，
　　　　1983年2月，頁22～23（22～30）。
〔註60〕「吾所以為言勢者，中也。中者，上不及堯、舜，而下亦不為桀、紂，抱法
　　　　處勢則治，背法去勢則亂。今廢勢背法而待堯、舜，堯、舜至乃治，是千世
　　　　亂而一治也。抱法處勢而待桀、紂，桀、紂至乃亂，是千世治而一亂也。」
　　　　（《韓非子・難勢》）

儒家之仁政，非中主之所能，惟聖人可為，而聖人千世而一出，故
仁政待賢之結果，必千世亂而一治；韓非法勢之治，為中主之所能，
惟暴人可亂，而暴人亦千世而一出，故法勢之治不必待賢之結果，
為千世治而一亂。故就統治者而言，權其輕重，取其大利，則仍以
法勢之治，才是可行之治道。〔註61〕

再者，依韓非子的觀點，人類世界與行為是瞬息萬變的，為了應對不停變
動的外在世界，他以為君主的「勢」也因此不是一種死寂的「自然之勢」（這是
指作為一般性對應的君臣民而言），反而須是一種動態的「人設之勢」。韓非子
思想中，論「勢」之最有力者，莫過於賞罰「二柄」之行使。依韓非子，權勢
作為一種尊嚴，體現在君主身上，具體表現為刑德，又稱賞罰。〔註62〕由此可
看出刑和德（也就是殺戮和慶賞）是人設之勢的重要內容，通過賞罰，君主
充分展現威勢來治理臣民。可看得出韓非子的思想皆以治國為考量，也呈現
出因應戰國末年的混亂局面而特別重視賞罰，並提出獎賞和讚譽一致，處罰
和貶斥並行，否則「譽所罪，毀所賞，雖堯不治。」（《韓非子・外儲說左下》）

另外，值得注意的是「重一姦之罪，而止境內之邪」（《韓非子・六反》），
韓非子將二柄、賞罰的作用延伸出去，功效不僅僅侷限於受賞或受罰的人，
對其他人民更可收「勸禁」之用。而所謂「勸禁」是指因受罰的某個人，而使
得全民可以從中知所畏懼而不敢犯法；同理，因受賞而獲獎賞的某個人，會
使得全民都得以從中受到勉勵而為君主盡力。君主設立的賞，臣民只要努力
就可以得到，而設立的罰，臣民只要注意就可避免，有了如此的賞罰，臣民
都知所趨避。可知韓非子認為藉由「賞罰」的明確性，人民就可知道「如何趨
賞而避罰」。

韓非子將「勢」設定分為自然之勢與人設之勢，由此來綜結批判慎到與
儒家之說，進而發展其正面之主張，所謂自然之勢是指世襲王位或因緣際會
所得到的勢位；所謂人設之勢是指用法配上勢位的統治權，即威勢的運用。
韓非子所謂任勢或持勢就是以為國家必須運用具有強制力的威勢始能實行統
治，所以其學說反對「自然之勢」，也可由此看出韓非子對於世襲之「勢」呈

〔註61〕王邦雄：《韓非子的哲學》，頁173。

〔註62〕「明主之所道制其臣者，二柄而已矣。二柄者，刑德也。何謂刑德？曰殺戮
　　　　之謂刑，慶賞之謂德。為人臣者，畏誅罰而利慶賞，故人主自用其刑德，則
　　　　群臣畏其威而歸其利矣。」（《韓非子・二柄》）

現出的遲疑態度。韓非子認為「人設之勢」的優勢在於君主只要執掌賞罰之權，運用國家所建立之典章制度即可治民，而且可行之久遠，不必顧慮人亡政息；也就是說，依現實只需要中等材質之君主即可「治天下」，不必拘泥於「聖人千世而一出，故仁政待賢之結果。」

根據以上論述，可發現《韓非子》中的「賞罰」有時和「法」並論，有時又和「勢」並論，使得「法」、「勢」的實質泛指有重複的現象。王邦雄把此現象解釋得很透徹：

> 非其觀念不明晰，蓋勢之用，在執賞罰之二柄，行使統治的權力；而賞罰之基準則在法，以法為人主治國的唯一標準。法為厚賞重罰，勢則求其信賞必罰，以是之故，法與勢，在賞罰之運用下，實為不可離。此即韓非之人設之勢，處勢尚須抱法的原因。〔註63〕

洪巳軒也提出其觀點：

> 在《韓非子》建構政治權力關係的理論系統中，「抱法處勢」乃用以說明建構政治權力關係的形式要件，而又以「執柄以處勢」是說明此形式要件所需具備的實質要件，「因道全法」又是用以說明執柄、抱法之所以能處勢的理論性基礎，而此「道」之內涵是為「人情」，此「人情」之所指者是為絕大多數人好利惡害的行為傾向。〔註64〕

可看出韓非子的「法」、「勢」以「大多數人好利惡害的行為傾向」的理論立基，正如蕭公權說：「人民承認君主之地位而服從之，君主憑藉此地位以號令人民。凡此種種之關係，即韓非子所說之勢。」〔註65〕「勢」是一種統治權，具普遍性、至高性、永久性、不可分性以及不可移讓性；「勢」也是一種威力，在君主政治下，必須以權力關係代替血統關係，始能實行統治。

第三節　法、術、勢的關係

在韓非子眼中，帝王之具不僅是「法」和「術」，更必須憑藉著「抱法執術」所樹立起君主的「人設之勢」，才能完備治理國家之利器。以「寄治亂於法術，託是非於賞罰，屬輕重於權衡。」(《韓非子‧大體》)的說法來看，更

〔註63〕王邦雄：《韓非子的哲學》，頁174。
〔註64〕洪巳軒：〈從《韓非子》「人設之勢」論政治權力之鞏固〉，《國立臺灣大學哲學論評》第51期，2016年3月，頁17～18（1～34）。
〔註65〕蕭公權：《中國政治思想史（上）》，頁245。

可見韓非子政治哲學之大廈，乃由法、勢、術等三種基料，綜合疊架而成。
〔註66〕是故，可確認在《韓非子》中，法、術、勢三者之間有不可分割、缺
一不可的緊密關係。而上述也提到韓非子的「法」、「勢」以「大多數人好利惡
害的行為傾向」作為理論立基，所以必須將此三者的關係釐清，才能更了解
韓非子的人性視域所衍伸的治國方略。

　　商鞅重法、重農戰，以戰功或耕種收成作為換取爵位的依據，藉此驅使
人民競立農戰之功效，讓秦從西陲小國一躍而成為戰國七雄中最為富強之國，
更為秦奠下之後一統中國之根基。其實，韓非子對法的看法，尤其是諸多關
於執法的實際做法，皆取法於商鞅，如「公孫鞅之治秦也，設告坐而責其實，
連什伍而同其罪，賞厚而信，刑重而必。是以其民用力勞而不休，逐敵危而
不卻，故其國富而兵強。」所言，（《韓非子・定法》）韓非子對商鞅施法的成
效讚譽有加。

　　然而，商鞅之後數十年，秦雖依舊富強，但卻未能更進一步統一天下，
韓非子對於此則有其獨見，《韓非子・定法》中說就曾表達其想法，認為秦統
一天下之未能實現，關鍵在於商鞅之法未配合君術以知姦：

> 然而無術以知姦，則以其富強也資人臣而已矣。及孝公、商君死，
> 惠王即位，秦法未敗也，而張儀以秦殉韓、魏；惠王死，武王即位，
> 甘茂以秦殉周；武王死，昭襄王即位，穰侯越韓、魏而東攻齊，五
> 年而秦不益一尺之地，乃城其陶邑之封；應侯攻韓八年，成其汝南
> 之封。自是以來，諸用秦者，皆應、穰之類也。故戰勝則大臣尊，
> 益地則私封立，主無術以知姦也。商君雖十飾其法，人臣反用其資。
> 故乘強秦之資，數十年而不至於帝王者，法雖勤飾於官，主無術於
> 上之患也。

　　由上述可知，韓非子認為要以「法」來正面的導引全國發展方向，要以
「術」來反面地消除掉可能抵銷成果的勢力，已經看得出韓非子以「術」作
為輔助「法」的工具。申不害以其「術」輔佐韓昭侯，讓韓國在其執政期間稱
霸十五年。然而《韓非子・定法》中對申不害只重「術」卻不懂「法」，可找
到相關批評：

> 申不害，韓昭侯之佐也。韓者，晉之別國也。晉之故法未息，而韓
> 之新法又生；先君之令未收，而後君之令又下。申不害不擅其法，

〔註66〕王邦雄：《韓非子的哲學》，頁147。

不一其憲令，則姦多。故利在故法前令，則道之；利在新法後令，則道之。故新相反，前後相悖。則申不害雖十使昭侯用術，而姦臣猶有所謫其辭矣。故託萬乘之勁韓，十七年而不至於霸王者，雖用術於上，法不勤飾於官之患也。

由上述可知，申不害雖有效的以「術」輔佐韓昭侯，但對於法令卻乏有一致性的管理，導致法令前後牴觸或影響，使得臣民就會以對自己本身較有利的部份，來加以引用法令，可見「自利自為」的人性觀，也確實影響韓非子對於「法」的嚴謹管控，也就是必須持續的追蹤整理、以及相互比對檢視。所以《韓非子·定法》中說：

問者曰：「主用申子之術，而官行商君之法，可乎？」對曰：「申子未盡於術，商君未盡於法也。」申子言：治不踰官，雖知弗言。治不踰官，謂之守職也可；知而弗言，是不謂過也。人主以一國目視，故視莫明焉；以一國耳聽，故聽莫聰焉。今知而弗言，則人主尚安假借矣。……故曰：二子之於法術，皆未盡善也。」

韓非子認為申不害之「術」論不足之處，在於未能完全盡到禁姦的目的，申不害要求臣子對於非職位內的事務不可多言，導致君主無法倚術察姦。韓非子學說中的術其實有其積極性，就是期望君王以「術」讓臣子努力發揮所長，並令其戮力建功謀求厚賞，又能不營私利而傷害國家大利。對照《韓非子·定法》這一段來看：

問者曰：「申不害、公孫鞅，此二家之言，孰急於國？」應之曰：「是不可程也。人不食十日則死；大寒之隆，不衣亦死。謂之衣、食，孰急於人？則是不可一無也，皆養生之具也。……君無術則弊於上，臣無法則亂於下。此不可一無，皆帝王之具也。」

韓非子認為「法」的精神在於建立一標準的規範性，去私立公。因此確立其強制權威性有其必要，所以只要依照「厚賞重罰」、「信賞必罰」之原則，使民無僥倖之心，再藉「重罰」成「重一姦之罪，而止境內之邪」之效。總言之，「術」是君主統御群臣、行使權力的方法，也可說是君主控御、促使官吏遵守法的方法。因為「法」的推行仍要由臣下完成，若君主沒有一套統御臣下的方法，則容易遭受到蒙蔽。君主用「術」的目的在防止重人近習擅主專權。另外明主治吏不治民，如何建立一套以簡馭繁的行政管理方法也是君主關注的重點之一。

　　依前述引言，韓非子認為「法」、「術」仿若衣、食之於人，都是治國不可或缺的必要條件，都是帝王治理天下的工具，缺一不可。換言之，「法」控御的對象是官吏、人民，「術」控御的「主要」對象則是官吏；「法」由君主、官吏、人民共同遵守，「術」則由君主獨自執掌；「法」要公開，「術」則要保密、藏於心中不易見。是以，「術」為君主所執持，重在潛御眾臣，不見好惡，才能「明君無為於上，群臣竦懼乎下。」

　　「法」具有成文、公佈的性質，循名責實的形名術也仍是以國家的「法」為依據，因此「術」的精神仍在輔助「法」的推行，以求「賞罰得宜」。也就是說，國法之標準規範性能，必以治術之參驗督責，為其運作之方法；治術之參驗督責性能，必以國法之標準，為其運作之規範。〔註67〕「法」是治國客觀普遍之基準，要「設之於官府，布之於百姓」，使君王有常軌可循，以治天下。若有「法」無「勢」，「法」缺乏權力來源的支持，執行上便只流於空談，反之，若有「勢」無「法」，統治權的行使便失去標準規範，易流於濫用權力而敗壞國事，政治就僅僅是君王權威與保障君王勢位而已。依此，韓非子在《韓非子‧內儲說上》舉出一例：

　　　　中山之相樂池，以車百乘使趙，選其客之有智能者以為將行，中道而亂。樂池曰：「吾以公為有智能，而使公為將行，中道而亂，何也？」客因辭而去，曰：「公不知治。有威足以服之，而利足以勸之，故能治之。今臣，君之少客也。夫從少正長，從賤治貴，而不得操其利害之柄而治之，此所以亂也。嘗試使臣：彼之善者，我能以為卿相，彼不善者，我得以斬其首；何故而不治！」

　　故韓非子主張任賢不如任勢，勢代表著君王統治的權力，且藉由掌握二柄才得以顯其威，又賞罰必依於「法」，是以「勢」需與「法」結合，韓非子以為「人設之勢」是為「中人之主」而設計的，期望即使人主沒有堯舜的能力，仍能依此而得國治，也就是依戰國的實際現況來看，「抱法處勢則治，背法去勢則亂。」（《韓非子‧難勢》）王邦雄認為韓非子無意改變君主世襲的既有秩序，而是另謀補救之道，所以王邦雄說：

　　　　其政治哲學的出發點，實以穩固君權為其首要，再進而求國之治強。以法與勢結合，而成人設之勢，以救人主之不必賢；以術為勢之用，以救君主之不必智。使中人之主，有常法可循，有治術可用，而國

〔註67〕王邦雄：《韓非子的哲學》，頁205、209。

可治而不亂。〔註68〕

故對於「法」和「勢」的關係可簡單分析如下：國法之標準規範性能，必以君勢之操權執柄，為其強制之力量；君勢之禁眾抑下的功能，必以法之明文規定，為其依據之最高準則。〔註69〕由之前所述，不管是「商鞅之法未配合君術」或是「申不害只重術卻不懂法」，所造成的結果都是君勢無力施展，國家也無法獲得大利。由此可見，以「術」輔助「法」，為的是「君勢」的力量開展。韓非子在綜合前人基礎之上，創造性地將法、術、勢一體化，完成了法、術、勢的融合與貫通，最終鑄就了獨具特色的韓非子法家思想。但法、術、勢三者何者為優先與中心？關於此點，前輩論者主張以法、以術、以勢為優先者，皆有各自見解與說法。

如王邦雄認為韓非子政治哲學的中心是「法」：

> 在韓非政治哲學之體系中，實以法為其思想之中心，亦以法為其政治之理想。勢之操權與術之執運，其本身實非目的，僅為實現法之目的性與其理想之手段；而立法以求其嚴明必行，其終極目標，則指向國之治強，與霸王之業。故法在韓非政治哲學之整體架構中，實為貫通上下之樞紐。〔註70〕

如林安梧則認定君「術」才是體，「法」、「勢」皆只是用：

> 法之運用於民是與「刑」結合來說的，而法之為君運用是結合著「術」來說的。當然「刑」是扣緊著「名」來審斷的。如此我們便將韓非的「刑名法術」之學統體而觀了，……可見韓非子所說的「法」只是統治者的工具，它並不是構成一個合理的政治社會的結構性原則。〔註71〕

如高柏園則是以「勢」為中心來建構韓非子的法治思想體系：

> 然而筆者卻不同於王先生以法為優先與中心，而是以勢為優先與中心所在。易言之，筆者乃是主張法、術、勢三者之間並非一平列的關係，而是一優先性關係，此中乃是以勢為優先，而法與術皆只是助成君勢之充分伸張之方法與條件而已。……本章並不否認法、術、

〔註68〕王邦雄：《韓非子的哲學》，頁207。

〔註69〕王邦雄：《韓非子的哲學》，頁205、207。

〔註70〕王邦雄：《韓非子的哲學》，頁227。

〔註71〕林安梧：〈韓非子政治哲學的特質及其困限——以「法」、「術」、「勢」三者為核心展開的分析〉，頁102、117（97～119）。

勢三者間的相互支持性與有機性，蓋此三大綱領乃是相互支持而構成一整體者。唯此相互支持性乃是就三者之發用上說，若就其價值性與目的性而論，則勢顯然較法與術為優先也。〔註72〕

姚蒸民則認為法、術、勢在韓非子眼中並沒有先後的分別，要問何者為先，則是要看當時情況而定：

> 勢法術三者，孰急於國？韓非子眼中，並無軒輊，須視國情及其處境而定。此正與墨子所謂：「凡入國必擇務而從事焉」之理相同。蓋惟有針對當時客觀環境及主觀因素之需要，決定行之，而後乃能宏其功效也。〔註73〕

以上學者說得都有其根據，做決斷之前，先比對以下三段《韓非子》的原文：

> 聖人之所以為治道者三：一曰「利」，二曰「威」，三曰「名」。夫利者，所以得民也；威者，所以行令也；名者，上下之所同道也。非此三者，雖有，不急矣。……夫立名號，所以為尊也；……設爵位，所以為賤貴基也；……威、利，所以行令也，……法令，所以為治也；……官爵，所以勸民也，……刑罰，所以擅威也。（《韓非子・詭使》）

> 操法術之數，行重罰嚴誅，則可以致霸王之功。治國之有法術賞罰，猶若陸行之有犀車良馬也，水行之有輕舟便檝也，乘之者遂得其成。（《韓非子・姦劫弒臣》）

> 君執柄以處勢，故令行禁止。柄者，殺生之制也；勢者，勝眾之資也。廢置無度則權瀆，賞罰下共則威分。是以明主不懷愛而聽，不留說而計。故聽言不參，則權分乎姦；智力不用，則君窮乎臣。故明主之行制也天，其用人也鬼。天則不非，鬼則不困。勢行，教嚴而不違，毀譽一行而不議。故賞賢罰暴，舉善之至者也；賞暴罰賢，舉惡之至者也；是謂賞同罰異。賞莫如厚，使民利之；譽莫如美，使民榮之；誅莫如重，使民畏之；毀莫如惡，使民恥之。然後一行其法，禁誅於私家，不害。功罪賞罰必知之；知之，道盡矣。（《韓非子・八經》）

〔註72〕高柏園：《韓非哲學研究》，頁97～98。
〔註73〕姚蒸民：《韓非子通論》，頁245。

　　韓非子在論及「法」與「術」皆預設了「勢」之存在，因此，「法」為君主處理政事之依據，亦為齊民使眾之一致準繩，「術」為君主督責群臣之方法，「勢」為君主統治國家之權力。此三者在理論上各自分立，在實際運用上則有其完整性，三者相互支持，相輔相成，不宜孤立視之，故姚蒸民認為此乃因為韓非子因應時代社會需要，建立以君主為中心之新政治制度，主張以「法」治國，以為國家之強弱存亡，一在於法；但法有賴人以行之，而人之智愚良莠不齊，又必濟之以「術」，乃可責效防姦；然僅有法術而無「勢」，君主仍不能制馭其臣，以治其國，則又有賴賞罰權已固其勢。〔註74〕綜上所述，「勢」為君主統治國家之權力，「術」為君主督責群臣之方法，「法」為君主處理政事之依據，亦為齊民使眾之一致準繩。法、術、勢三者之間並非一平等對列之關係，特重其「合」而忌其「分」，此三者在理論上各自分立，在實際運用上，則有其完整性。相輔以成，缺一不為功，〔註75〕而達到其必然之道的政治哲學要求。

　　「故先王以道為常，以法為本。本治者名尊，本亂者名絕。」(《韓非子‧飾邪》)說明先王以道是常行的原則、治事的常規，「法」是立國的根本，法制嚴明，君主的名譽就會崇高尊貴，法制混亂，君主的名譽就會毀滅。依韓非子，君國是一體的，而「法」直接關係到君主名位的榮辱得失，所以也可以說「法」象徵著君王的統治地位和國家的興亡盛衰，故「法」是國家政治運行的中心、處理政事的依據，也是治國的唯一準繩，而「術」是統治的方法，「勢」是統治的權力，「法」則是立國的根本。從以上可知，法、術、勢雖然在理論上各有界域，各具性能，〔註76〕在實際運用上則相互統合、互相利用，依照「君王決策」而形成一種微妙的「動態平衡」。這也是《韓非子》多次出

〔註74〕姚蒸民：《韓非子通論》，頁241。

〔註75〕姚蒸民認為：「商君治秦，徒法而無術，君弊於上，而法亦有未善。申子在韓，徒術而無法，臣亂於下，而術亦有未盡。慎子言勢，貴乘、貴因，而未能以法濟之，使成人設之勢。自韓子觀之，三家之言均僅能用於特殊條件之國家，而不能普遍用於不同之國度。是以兼取之而另創新意，成其本人之學說。」參見姚蒸民：《韓非子通論》，頁241～242。

〔註76〕林安梧認為：「韓非哲學的三大面向，以『結構性原則』來指謂『法』，以『動向性原則』來指謂『勢』，以『運用性原則』來指謂『術』。這樣的指謂方式一方面是要指出理解韓非所謂的法、勢、術的一個比較可取的途向，另一方面則想通過這三個指謂來做為批評韓非政治理論的判準。」參見林安梧：〈韓非政治哲學的特質及其困限——以「法」、「術」、「勢」三者為核心展開的分析〉，頁112～113。

現「明主」〔註77〕一詞的關鍵，因為韓非子期許君為「明主」，必能權衡國家最大利益後，再予以決策執行。那麼姚蒸民的說法最為恰當，以客觀環境及主觀因素的需要為依歸，君王可調整「任勢」、「施術」、「推行國法」的順序，抑或者三者同時進行，最終依舊可以讓國家政治依照制度常軌運行，以邁向富強之路；而此一富強之路也維繫著君王名位的榮辱得失，而君王的榮辱得失就是君王最在意的利益核心。前述已提到韓非子的政治哲學中的「法」、「勢」以「大多數人好利惡害的行為傾向」作為理論立基，又強調君王獨用之「術」是輔助「法」之功效極大化。「術」由君藏於心中不易見，實質就是立基於「利於君王」的角度，足見韓非子「法」、「術」、「勢」的運用軸線仍不脫「自利自為」（不論針對民或君皆然）的人性觀視域。韓非子的「勢」專對君主而論，「術」專為君主而用，唯有「法」無階級化的人人適用，足見「法、術、勢」乃是為民作主的專權強制力量。

〔註77〕《韓非子》出現「明主」一詞頗多，本研究第三章、第五章的引文已不少，只再列舉較具代表性的如下：「故明主使法擇人，不自舉也；使法量功，不自度也。能者不可弊，敗者不可飾，譽者不能進，非者弗能退，則君臣之間明辨而易治，故主雠法則可也。」（《韓非子・有度》）、「故明主使其群臣不遊意於法之外，不為惠於法之內，動無非法。」（《韓非子・有度》）、「故以有餘補不足，以長續短之謂明主。」（《韓非子・觀行》）、「明主之為官職爵祿也，所以進賢材勸有功也。」（《韓非子・八姦》）

第六章　一種人性，兩種視域

第一節　荀子與韓非子的同一種人性思考起點

　　人性，是中國哲學中一個重大問題；歷來討論不休，派別亦極分歧。張岱年認為第一個探究性的是孔子，《論語・陽貨》中即言「性相近也，習相遠也。」而孔子以後，孟子乃以善言性；於是性之是善是惡，遂成為以後論性的主要爭點了。[註1]勞思光在論述孟子的性善論時，提到「孟子所欲肯定者，及價值意識內在於自覺心（即是性善）或為自覺心所本有。但此所謂內在或本有，並非指發生歷程講。」[註2]也就是說孟子所言之性，具有「先驗」[註3]（先於經驗）的特質，而荀子與韓非子對於人性的論述則明顯是從「經驗」[註4]的觀點來導入。

〔註 1〕張岱年：《中國哲學大綱》，頁 243。

〔註 2〕勞思光：《新編中國哲學史（一）》，頁 163。

〔註 3〕指普遍經驗所由形成的條件，它並不意味著超過一切經驗，而是指雖然是先於經驗的（先天的），然而僅僅是為了使經驗知識成為可能的條件。如感性形式時間、空間等知性 12 範疇，是運用於雜亂經驗而形成普遍經驗的條件，因而是先驗的。「先驗的」與「先天的」之區別，在於先天的只說它獨立於經驗，而沒有說到它們可以運用於經驗及其與形成普遍經驗的關係。「先驗的」與「超驗的」區別，則在於「超驗的」超越於經驗，與經驗無涉，即超越於認識的，而先驗的指作為形成普遍經驗的條件有所不同（此為德・康德（Immanuel Kant，1724～1804）主張）。參見馮契主編：《哲學大辭典》，頁 568。

〔註 4〕指感覺經驗。即人們在同客觀事物直接接觸的過程中，通過感覺器官（此指內、外感官），獲得的關於客觀事物的現象和外部聯繫的認識。參見馮契主編：《哲學大辭典》，頁 1127。

　　首先，先來回顧荀子的人性論，從《荀子・性惡》開始，舉出的論證當中，有「生而有耳目之欲，有好聲色焉，順是，故淫亂生而禮義文理亡焉。」「飢而欲飽，寒而欲煖，勞而欲休」這類以類似人類肉體活動來做觀察起點，覺察「個體均以自身為優先考量的人性現象」；但是，最後卻導向「順情欲導生流弊」、「人之欲為善」、「禮義、法正、刑罰的存在」及「孟子性善論缺乏符驗」此四方面討論，以「人性行為」佐證理論意圖濃厚。其「性偽之分」的相關論述指出孟子性善論之誤」則展現了替「性、偽」分別下定義再做比較的人性理論架構。荀子言「生之所以然者謂之性」，並指出「性」是「本始材朴」，而且為「天之就也，不可學，不可事」，看得出荀子將「人性」做了本質的定義和探究；又再言「禮義者，聖人之所生也，人之所學而能，所事而成者也。不可學，不可事，而在人者，謂之性；可學而能，可事而成之在人者，謂之偽。是性偽之分也。」指出性和偽雖然有分別，但是偽的定義中有性為基礎，而荀子把「偽」最後定調到禮義，展現以「化性起偽」做為人異於其他動物的共同本質的人性核心思想。

　　韓非子言「人無毛羽，不衣則不犯寒。上不屬天，而下不著地，以腸胃為根本，不食則不能活。是以不免於欲利之心。」將人的肉體活動來做觀察起點，也覺察「個體均以自身為優先考量的人性現象」，但卻將其歸於欲「利」為最終目的，並以父子關係、夫妻關係、君臣關係、非親屬關係中各行各業彼此的關係也以「自利自為」的觀點一併納入，守在「人性可被利用的現實價值上」。《韓非子》不同於《荀子》，其中並沒有專門討論「人性」的篇章，但其藉由「人性行為」做為其學說的思考起點人性，以「經驗」為主軸的人性觀察，很明顯有師承荀子的痕跡。

　　上述提到荀子與韓非子都有採用「經驗」來做為人性思考的起點，那麼就要先釐清「經驗」的產生過程。其實，形成「經驗」的必須透過「經驗模式」。而因素：「經驗模式（Patterns of Experience）」乃主體的個別心態；它意寓著每一個主體都會按著一個或多個特殊旨趣來組成個人的經驗，來引導個人的感官、記憶、想像、情緒、欲求、身體活動的運作，以求達致經驗。〔註5〕郎尼

〔註5〕郎尼根將「經驗模式」細分成「生物型」、「美感型」、「理智型」、「戲劇型」四種。其詳細的經驗模式分類方式與探究非本文重點，暫且擱置不論。關永中：《朗尼根的認知理論《洞察》卷一釋義》，臺北市：哲學與文化月刊雜誌社，1991，頁257～268。

根（Bernard Lonergan）提出主體透過經驗模式來引導身體感官產生經驗的兩大因素：「神經因素（The Neural）」與「心靈因素（The Psychic）」。「神經因素」即人身體的中樞神經系統，是身體各感官的總機關，一切感官作用都被它所維繫。「心靈因素」即人的精神現象，是提供經驗模式的總根源。主體這兩個要素彼此合作，共同容許個人去參與世界。簡單的說，「心靈因素」為「神經因素」提供「經驗模式」，而「神經因素」則配合所提供的模式而整理個人的經驗，為主體的感官作用指示出一個組織經驗的大方向。人若要在人生舞台上扮演好他的角色，則身體的眾感官需聽從心靈的指揮。談及「心靈」指揮「神經系統」一事，人與動物是有其差別：動物有其天賦本能，能敏捷地對外來刺激作出反應；動物的本能既是天賦的，他可不慮而知、不學而能，以致其行動深刻地受本能所規限，而不容易學習到新的行事途徑。反觀人類，是唯一不受本能約束的存有者，身體的動作不全受欲求、感性、情感的操控，以致他可以學習不同的行事方式，對世事可產生不同的回響；這樣，人的心靈可以為自己培養出個別的旨趣性向，來引導身體的神經系統行事。〔註6〕

　　根據上述以現代哲學來闡述「經驗」的發展歷程，可發現荀子以「人性行為」做為人性思考起點時，有論及「生之所以然者謂之性」（人生理上的官能及其能力），並強調其「本始材朴」，而且為「天之就也，不可學，不可事」；也有論及「性之和所生，精合感應，不事而自然謂之性」（官能的欲望），更進一步將「心」能「化性起偽」的知、意志、衡……等異於動物的人類能力做本質上詳細探究，可得出荀子雖與韓非子同以「經驗」為思考起點，但所涉及的思考進路與層面全然不同。韓非子在觀察「人性行為」時以「自為心」為人的自然本能來解釋，不如荀子涉指「人之所以為人」的特質和本質勾勒，更遑論進一步探究人心善、惡的意圖導向的可能。簡言之，韓非子的人性論述上並沒有刻意強調出現人異於其他動物的共同本質的人性核心思想。荀子與韓非子雖都以「經驗」覺察「個體均以自身為優先考量的人性現象」，但荀子學說中突出「人之所以為人」的「化性起偽」關鍵，構築出完整的人性論架構；而韓非子關注於「人性」的「利用價值」，使得他的人性思考未能展現出解釋人的共同本質之觀點的人性論。所以，姚蒸民認為韓非子的學說中關於人性的論點均為其政治哲學所吸收；也就是說，嚴格來說韓非子只有符應其「政治哲學」的「人性觀」，並未如荀子般建立一套有系統的「人性論」。

〔註6〕關永中：《朗尼根的認知理論《洞察》卷一釋義》，頁270～271。

　　那麼，為何荀子與韓非子從同一種人性思考起點，卻詮釋出不同的思考面向？或可從「前理解（Preunderstanding）」的觀點來討論。由於個人的生長背景、歷史環境不同，是以個人的「前理解」也不同。同時，並指出個人的理解，不是憑空產生，他有先在理解基礎，即是「這些前理解包括解釋者存在的歷史環境、語言、經驗、記憶、動機、知識等因素」。個人新的理解，即是在「前理解」的基礎上，向前發展，創新成長。簡言之，由於荀子與韓非子的生長背景、歷史環境不同，使得雙方產生的「前理解」也不同。當然，在詮釋時，詮釋者不能無限上綱的隨意解釋；而任何對象也不能因其特定的內容，以拘限解釋者的思考與詮釋，甚而消融主體，使解釋者完全受限於其約束。

　　回顧荀子一生，可知他在齊的稷下學宮與任職楚的蘭陵令時期，積極辦學、行教育，並著書立說。觀其人性論中的「化性起偽」核心關鍵，其實並未脫離其身為教師的「教化」理念。前述論及韓非子生平時，也提及韓非子為韓國之諸公子，因秦國壯大，包括韓國在內的其餘六國都處於面臨滅亡的恐懼之中，可惜韓非子的治國建議都不被當時的韓王安所採納。而韓非子的王室身份，使得他屢屢從君王角度產生如何以「人性」的「利用價值」來達到群體的有效控制，其學說強調的富國強兵，就是企盼韓國在四面環敵的殆勢中，突破困境的治國脈絡。觀其實質，確實也並未脫離韓非子自身本為統治階層，堅定「為民作主」的管理信念。所以，帕瑪（Richard E.Palmer，1933～2015）說：「所有的詮釋，都受詮釋者的『前理解』所引導。」〔註7〕荀子與韓非子站在同樣的人性思考起點，卻因為不同的「前理解」，各自走向了不同的詮釋道路。

第二節　荀子與韓非子的兩種人性視域融合

一、荀子人性視域融合：禮、樂、法中蘊含教化與強制力的兩層傾向

　　觀《荀子》全書三十二篇中有十六個篇章關注政治哲學議題，〔註8〕荀子

〔註7〕帕瑪（Richard E.Palmer）著，嚴平譯：《詮釋學》，臺北市：桂冠圖書公司，1997，頁59。

〔註8〕共有〈七、仲尼〉、〈八、儒效〉、〈九、王制〉、〈十、富國〉、〈十一、王霸〉、〈十二、君道〉、〈十三、臣道〉、〈十四、致士〉、〈十五、議兵〉、〈十六、強國〉、〈十八、正論〉、〈十九、禮論〉、〈二十四、君子〉、〈二十五、成相〉、〈二十六、賦〉、〈二十七、大略〉明顯地從各種角度論及政治。引述自潘小慧：

政治哲學的政治權力擁有者為「天子」。〔註9〕孔、孟、荀儒家都重視天子其（道）「德」與「才」（能）〔註10〕，在政治思考上主張人民百姓做為政治更迭的重要指標，某種程度上也體現了「民為貴」、「民為本」的政治原理，「天之生民，非為君也；天之立君，以為民也」（《荀子·大略》）之言明白表述了此觀點。值得注意的是，「君─民」、「一與多」、「上與下」之互動與互為主體性關係，藉此也給出一種儒家道德政治的價值觀。「天子」在《荀子》中有五種主要的稱呼：「王」、「聖王」、「聖人」、「君」、「君子」。〔註11〕《荀子·正論》言：

> 故天子唯其人。天下者，至重也，非至彊莫之能任；至大也，非至辨莫之能分；至眾也，非至明莫之能和。此三至者，非聖人莫之能盡。故非聖人莫之能王。

此時，「天子」、「聖人」、「王」實乃三而一的概念，而「聖人」之為「王」，其實就是「聖王」。前述已提到荀子認為化性起偽以求善的主動性來自於心，可見在荀子的人性視域下，聖人之「心的抉擇力」乃成關鍵，呈現出合君德之聖王以禮義教化「群」之終極理想。前文提及「天子」一詞有時也稱為君，《荀子》中其他對於政治領導者的名稱，其實以「君」的使用次數最高〔註12〕。荀子從「性惡」的人性基礎出發，推導出社會政治制度（禮義、法度）的必要性，繼而肯定「君」是「管分之樞要」（《荀子·富國》），其做為政治核心的必然性與必要性。對照《荀子·禮論》中言：

> 曰：君者、治辨之主也，文理之原也，情貌之盡也，……《詩》曰：「愷悌君子，民之父母。」彼君子者，固有為民父母之說焉。父能生之，不能養之；母能食之，不能教誨之；君者，已能食之矣，又善教誨之者也。三年畢矣哉！乳母、飲食之者也，而三月；慈母、

〈荀子以「君─群」為架構的政治哲學思考〉，《儒家倫理學與士林哲學》，頁298。

〔註 9〕《荀子》出現「天子」一詞高達 51 次。見潘小慧：〈荀子以「君─群」為架構的政治哲學思考〉，《儒家倫理學與士林哲學》，頁 301。

〔註10〕「天子者，勢位至尊，無敵於天下，夫有誰與讓矣？道德純備，智惠甚明，南面而聽天下，生民之屬莫不振動從服以化順之。」（《荀子·正論》）

〔註11〕潘小慧：〈荀子以「君─群」為架構的政治哲學思考〉，《儒家倫理學與士林哲學》，頁 302～303。

〔註12〕潘小慧：〈荀子以「君─群」為架構的政治哲學思考〉，《儒家倫理學與士林哲學》，頁 305。

> 衣被之者也，而九月；君曲備之者也，三年畢乎哉！得之則治，失
>
> 之則亂，文之至也。得之則安，失之則危，情之至也。

又可見「君」成為「為辨之主」、「文理之原」、「情貌之盡」之政權與治權的匯集者，比起生身父母生之食之的恩情尤有過之；此段上下文雖主要闡述天子三年之喪的合理性，然亦見得荀子將君主置於人道倫常中最高的地位。〔註13〕可見荀子的人性思考起點是從「人─群」的問題開始，再將其人性視域關注在政治哲學層面，形成了「君─群」為架構的政治哲學思考後，又再把「君」的特質返回到人道倫常思考當中。因為儒家的「個人」與「主體」意義本就是在群體脈絡中呈現的，形成「人─群」、「群─君」、「君─人」三個層面的關係探究，實質上就是「人─群─君」三個議題的共構返回循環彼此相互觀照，再加上荀子學說中「君師者，治之本」呈現出的濃厚教化意義，連帶也使得其政治哲學上的重要措施（禮、樂、法）也在前述論述中，呈現出以人的基本需求為基礎，雖有階層的分別，卻明顯帶著蘊含教化與強制力的兩層傾向。

二、韓非子人性視域融合：法、術、勢形成為民作主的專權強制力量

韓非子認為人類均有一種計其私利而後行事之共同心裡。他認為人類之所以好逸惡勞，趨利遠害，避重就輕，爭名奪利，乃至不擇手段以達成目的，通常來自於人的一種自然傾向，也就是與人衝突而難以調和的現象，如《韓非子‧心度》中言：

> 夫民之性，喜其亂而不親其法。
>
> 夫民之性，惡勞而樂佚。佚則荒，荒則不治，不治則亂，　而賞刑
>
> 不行於天下者必塞。

說明人的本性，喜歡放任，而不願意遵守法度；更進一步指出人的本性大抵厭惡勞苦，喜歡安逸，人民安逸就會荒廢農業，導致社會不安定、國家混亂，因此韓非子認為刑賞不能通行於臣民的國家，必會衰弱滅亡。可明顯看出韓非子從人的行為表現，推定人群之的共同傾向，實質內涵雖看似關注在「人─群」的問題上，其言談之間的目標卻明顯落實在政治問題的討論內。

〔註13〕潘小慧：〈荀子以「君─群」為架構的政治哲學思考〉，《儒家倫理學與士林哲學》，頁 311。

因其將「人一群」的問題上，落實在政治問題的討論內，使得韓非子對由臣對於君所產生的政治野心現象有詳細說明，如：

> 臣聞千乘之君無備，必有百乘之臣在其側，以徙其民而傾其國；萬乘之君無備，必有千乘之家在其側，以徙其威而傾其國。是以奸臣蕃息，主道衰亡。（《韓非子・愛臣》）

> 故為人臣者，窺覦其君心也，無須臾之休，而人主怠傲處上，此世所以有劫君殺主也。……利君死者眾，則人主危。……故后妃、夫人太子之黨成而欲君之死也，君不死，則勢不重。情非憎君也，利在君之死也。故人主不可以不加心於利己死者。（《韓非子・備內》）

以上可見韓非子對於人與人有「利」之衝突問題，再度落實在政治問題的討論內，顯然認為臣子會為「苟成其私利，不顧國患」，原因就在於「君臣之利異」〔註14〕。韓非子認為臣之利為「私利」，相對於前文已提到的「人主有公利」，可看出韓非子把國家利益高於個人利益的堅定立場。基此，韓非子遂提出各取所需，兩得其利之說，也就是前文提到的君臣的「公利」和「私利」實質處時「計合」的態度。韓非子認為人的自為心難以根絕，若要將其轉成完成國家公利的動力，就要先確立「勢」：君主駛使臣民之工具，具有普遍之強制力，與唯一之最高性。〔註15〕前述提到韓非子以「抱法處勢」為任勢為前提，並提出「故善任勢者國安，不知因其勢者國危」（《韓非子・奸劫弒臣》），並主張「集權」於君主。〔註16〕根據韓非子思想體系，除行使中央集權之外，尚須全國共同遵守的言行標準：法，其性質在於公而非私，故韓非子稱為「公法」〔註17〕。前文曾提過韓非子「以法為教」，定調以法令為教科書，以執行法令之官吏為老師的概念，把人民的教育問題再度落實在政治問題的討論內，此一教育想法與荀子以「化性起偽」立論之教化思想判若天淵。

〔註14〕「君臣之利異，故人臣莫忠，故臣利立而主利滅。是以奸臣者召敵兵以內除，舉外事以眩主，苟成其私利，不顧國患。」（《韓非子・內儲說下》）

〔註15〕姚蒸民：《法家哲學》，頁95。

〔註16〕「夫國之所以強者，政也；主之所以尊者，權也。故明君有權有政，亂君亦有權有政，積而不同，其所以立異也。故明君操權而上重，一政而國治。」（《韓非子・心度》）

〔註17〕「故當今之時，能去私曲就公法者，民安而國治；能去私行行公法者，則兵強而敵弱。」（《韓非子・有度》）

前文已提到韓非子所言之「術」因其「術不欲見」(《韓非子‧難三》)、「用人也鬼」(《韓非子‧八經》)為其兩大立論基礎，所以易讓人將其斷定為深藏不露、詭譎多端之權術。但是論其實質乃是因為君主不可能直接治理人民，君權之行使，必先及於大臣左右，再由之輾轉層遞，下達於民。所以「術」兼有「責效」與「防姦」之功能。〔註18〕簡言之，韓非子提出的「術」乃是針對「臣」(「君─人」的中介管理對象)，依其實用而提出的具體措施與主張。〔註19〕其政治哲學也是呈現「人─群」、「群─君」、「君─人」三個層面的關係探究，實質上仍舊是以「人─群─君」三個議題的共構返回循環彼此相互觀照，但是不若荀子將「君」置回人道倫常的思維路徑返回。或可說，從孔子到韓非子，就思想發展而言，乃由「禮」至「法」之轉，並由「法」之觀點，強調「君權」。〔註20〕連帶也使得其政治哲學上的重要論述(法、術、勢)呈現出「君權」集中現象，形成為民作主的專權強制力量。

第三節　荀子與韓非子人性觀點及其視域之差異

一、「可因且可化」的人性論以及「可因不可化」的人性觀

在韓非子之前，各家學派大多主張人性本善之說，而唯一主張性惡者為儒家之荀子。韓非子得荀子之啟發及影響甚多，卻未如其師之肯定「人之性惡」。蓋人性之善惡，存乎內心，無法證明，若就行事而論善或不善，亦難有絕對之標準。〔註21〕

在第一章已舉出《荀子》中關於「性惡」的八個論證，並將其分類為「順情欲導生流弊」、「由『性偽之分』指出孟子性善論之誤」、「人之欲為善」、「禮義、法正、刑罰的存在」及「孟子性善論缺乏符驗」五方面來論證「性惡」。潘小慧認為最具代表性的是「順情欲導生流弊」，可見「個體」若都以自身為優先考量，在「群體」中必然導致矛盾衝突。而韓非子認為所有人際的相對關係，都是最終以是否得「利」為最終目的，所以韓非子人性觀點乃是以「自

〔註18〕姚蒸民：《法家哲學》，頁116。
〔註19〕姚蒸民說：「其最重之點，為明察臣下之姦，從根本上防止侵奪；消滅私門之勢，與權臣以直接打擊；本儲設官分職，為事擇人之義，以健全任使、升遷、考核、獎懲之功能。」參見姚蒸民：《法家哲學》，頁118。
〔註20〕姚蒸民：《法家哲學》，頁130。
〔註21〕姚蒸民：《法家哲學》，頁89。

利自為」為主要論述依據，並以「父子關係」、「夫妻關係」、「君臣關係」為例，最終甚至將「非親屬關係中各行各業彼此的關係」也以「自利自為」的觀點一併納入。可見韓非子確實是透過經驗考察社會上的種種人際關係現象，與荀子一樣關注到「個體」在「群體」當中展現出以自身為優先考量的人性現象。

荀子與韓非子所處的時代相似，均以實際人性行為的觀察做為起點，判讀出群體之矛盾衝突現象均源自於「同一個原因」，也就是「個體均以自身為優先考量的人性現象」，但是兩人依此「因」卻展現出截然不同的思考面向。荀子在《性惡》中出現「由『性偽之分』指出孟子性善論之誤」此點，建立了「性、偽」分別下定義的立基，並以「化性起偽」作為人性修持功夫的明顯意圖，使得荀子對於「人性」的觀察，躍昇成為了「人性可因且可化」的完整理論架構。韓非子則以超越了性善性惡之爭的傳統窠臼來「觀」人性，另闢了「人性可因不可化」的獨特的人性觀思想脈絡。

荀子「性惡論」的最大特色就是深入探究「人的官能及其欲望」與外在群體的禮義規範衝突時會產生「惡（非禮義）」，因而更凸顯教化的重要，即荀子認為先天之「性」為惡，故須後天之「偽」以化性。在韓非子的眼中，行為之是非，與心性之善惡，實無必然關係；故他不問人之本性究為善抑惡，而從不同之行為表現以推定人群心理之共同傾向（國家公利），並將之落實於政治問題之討論，遂建立其自為之人性觀。荀子與韓非子都有以後天行為來觀察人性的趨向，只是荀子的人性論構築在以「性惡」為起點、透過「化性起偽」的功夫論，達到「偽善」的終極企圖，使得荀子在「群己」關係的考量上，著重在「禮義」之實存；而韓非子以穿衣、進食才能生存來比喻利益為人生存之必需品，也使得韓非子在「群己」關係和歷史觀察的考量上，都抽離了倫理道德的框架並且強調國家公利至上，著重在「法治」之強制。簡言之，兩者對於「人性」本質與目的上有著極為顯著的差異。

二、荀子人性視域下的聖王之治與韓非子人性視域下的中人之治

（一）聖王之治：堅守以仁義價值為框架的道德

在荀子的人性視域當中認為「欲」的控制關鍵在於「心」，強調「心」對於「形」有主宰能力，並提出「心」在形體上若和官能並列，它的能力就是「求利」和「遠害」，此點說法看似與韓非子自利自為的人性觀點近似，但是

《荀子》中的「心」有突出於動物性的感官思考或思辨活動，突出荀子所說之「權」（權衡），亦即「心」之獨特能力，使得人在官能衝突可思索出平衡點。而此「權」需要「標準」，荀子亦提出此標準就是「道」，並進一步將「道」指向「禮義」之實存。荀子認為「權」的過程需要「慮」，而「權」的基礎在「知」，要先能「知」，才能「思慮預謀之心知」。荀子雖非將人的知完全排除掉求生的基本生存之理，但是他更重視以其官能為基礎來認識外物，人可以把其官能經驗記錄下來，然後以客觀的證據來「徵知」，還要用「說」來做概念的澄清或界定。所以，荀子所言的「心知」確實是人的獨到之處，再指出「情然而心為之擇謂之慮」，而人的「心」針對「情然」做出「選擇」（取或捨）的過程，就是「慮」。其中「心慮而能為之動謂之偽；慮積焉，能習焉，而後成謂之偽」，說明「慮」是「性」到「偽」的橋樑。

荀子雖提出人心的獨特處，卻也指出人心的「知」有蔽患的問題，必須靠後天修為讓心達到「虛壹而靜」，也就乃是大清明的狀態，荀子所言的聖王、聖人，指的就是透過修養工夫達到此境界的人。從這裡可以看出荀子其實希望「聖王」透過其心的抉擇力來制名，並用刑罰禁絕姦言並以「道」為標準才能讓人民有所依循。荀子以「君」必須是到達聖人境界的「君」，才能以君之勢和禮義外鑠人民，此一理論根據在於荀子的人性論有「可因且可化」的特點，使得人「心」必須有跳脫出感官之外的「理性」能力（也就是純粹個人的思考或思辨活動），而此能力透過「聖王」的治理使得國家社會形成一種「堅守以仁義價值為框架的道德」的群體力量。

荀子的「禮」有滿足人之欲、確立群體階層（分）之用、以及作為君王自身修為與教化人們的依據，依此可看出荀子的「禮」有依附君王權勢的趨勢，也就是荀子的「禮」具有泛指「法度」強制力的事實意義。只是因為荀子特別強調「法」的主要對象是沒辦法用禮樂規範的一般百姓，使得「禮」、「法」在荀學中雖都可指法度，但仍有階層之分。對荀子來說，先用禮來教育人民是最優先的；但是無法以禮教化的人，則就要使用法來給予規範。因為在荀子眼中國家要達到治道，已經無法與「法」做切割。由上述可知，荀子的聖人之治雖強調聖人之「心的抉擇力」，但實質上，「心的抉擇力」此一觀點也蘊含對於一般人的教化期許。所以在荀子的人性視域下，乃是有條件的重君之勢和禮義，並期能以之治天下。以此觀點，在荀子的學說中，可以解釋成聖人乃是刻意積累而成的之外，更可以理解荀子學說中所言「塗之人可以為禹」，

對於一般人可教化的深度期許。而其「聖人之治」的管理措施之中，強調「禮、樂、法」的三者關係的結構性運用，使得其學說在表面上雖呈現出強調後天的「理性」思考主軸，但是實際上也有溢注人初始的感情成分滲入。荀學中的「禮」、「樂」、「法」都有階級之分別，雖仍束縛於傳統觀念，但其學說著重教化理念，在群體呈現「禮、樂、法」之綱紀，其實質並仍未脫離儒家對人文關懷之大框架。

（二）中人之治：揚棄以仁義價值為框架的道德

第五章已提到，《韓非子》中許多論述都是以「君王」角度來立說，並屢屢將君王之利與國家的「公利」混談，再加以其學說立基於好利惡害、趨利避惡之人性觀，便順勢將君主「有利於己」與其富國強兵的「公利」理想結合。是以可歸納出韓非子緊扣著「可因不可化」的人性觀，依此基調建立出群己關係上「自利自為」的主張，衍生反對仁義價值的人性框架，也毫無意外的呈現其「揚棄以仁義價值為框架的道德」之群體力量。特別的是，在韓非子的學說中，「揚棄以仁義價值為框架的道德」的群體效益與主體均一統在「君」之視角並強調國家公利至上，所以必須將「君」、「國家公利」也維繫至其「揚棄以仁義價值為框架的道德」的輪廓之中。戰國時期的政治體系轉向成為各諸侯國獨立專制的局面，困於專制政體形成已成定勢，韓非子認清現實並順勢利用其體制，藉君行其國家公利之表象，藉此以行「利民」之實質。但是韓非子所說的「利民」，並非競逐於滿足人民的欲望那麼膚淺，而是認為君主治國時以國家公利的角度著眼，才是真正為民興利。而這個為民興利的具體措施就是「法治」，為了建立「法治」，必須以強制手段讓全國上下遵從。韓非子最難能可貴的是其「法治」的治理觀念並未將統治階層排除，而是將每位人民都納入；但也等同將所有人民的思考限定在其「法治」之最低度的倫理道德道路之中，不著重、不強調仁義價值。而以當時的客觀環境來看，韓非子以「民智不可用」而發展出「為民作主」的極權專制學說，在政治運作上對於君王來說的確功效極大。

韓非子主張以「法」治國，以為其維繫著國家之強弱存亡；而「法」有賴人以行之，而人之智愚良莠不齊，又必濟之以「術」，再加上君王之「勢」才能制馭其臣，以治其國，則又有賴賞罰權以固其勢。韓非子認為「勢」代表著君王統治的權力，此權力必須掌握賞罰兩大關鍵，而賞罰必依於「法」，再將「勢」與「法」結合。這樣以「人設之勢」為設計的關鍵就在於韓非子將君王

設定為「中人」，而非儒家傳統設定的「聖人」，他期望即使人主沒有堯舜的能力，仍能依完善的制度面而得國治。此點也是根據現實觀察而來，因人的智力本就以中人為多數，聖人更是難得一見，儒家的「待聖而治」的確不切實際。

　　所以韓非子在論及「法」與「術」皆預設了「勢」之存在，因此，「法」為君主處理政事之依據，亦為齊民使眾之一致準繩，「術」為君主督責群臣之方法，「勢」為君主統治國家之權力。此三者在理論上各自分立，在實際運用上則有其完整性，三者相互支持，相輔相成，再以客觀環境及主觀因素的調整「任勢」、「施術」、「推行國法」的實際運用，足見韓非子以「中人」治理「群」的核心概念確實是設立了國家公利為其終極目標，凝聚眾人將人性的自利自為意念總括在群體的國家公利至上，並以執行「法治」做為達成此目標的強烈手段。韓非子的「中人之治」強調「法、術、勢」的三者關係的共構運用，延續「揚棄以仁義價值為框架的道德」的人性觀察維繫了「國家公利至上」與「君王之利」，缺乏單純個人的關懷成分，其學說缺陷觀察至此已經不言而喻；但是其優點也同樣顯而易見，也就是排除個體羈絆，只考量單一而純粹的群體國家公利，使得國家政策的執行成果可得立竿見影之效，「國家富強」更是計日奏功，近在眼前。

第七章 結 論

第一節　荀子與韓非子思想之中國哲學特質

　　張岱年說中國哲學之特點，重要的有三，次要的有三，〔註1〕其中「合知行」與「重人生而不重知論」此兩點都提到了生活實踐，而張岱年所言之「實踐」即個人日常活動。〔註2〕姚蒸民也曾提及中國哲學的本質，既有異於西洋哲學之始於求知而終於求知；故中國先哲之學問，特重人事。雖各家學問之範圍不近相同，或僅為政治哲學，或兼有倫理學、教育哲學，又或涉入形而上之宇宙論，本體論或知識論等；然其學問之究竟與夫功用之所在，仍未離人事而獨存。所以，中國哲學之歸宿點，及落實於如何處理人際間或組織體間之一切問題。〔註3〕勞思光就曾從把荀子的基源問題設為「如何建立一成就禮義之客觀軌道」〔註4〕，對照前述勞思光從定義過的韓非子基源問題（「如何致富強？」或「如何建立一有力統治？」），會覺察此一問題其實就是針對「群」而提出。又因為中國哲學的特質關係，會覺察針對「群」秩序或安定設

〔註1〕「第一，合知行：中國哲學在本質上是知行合一的。思想與生活實踐，融成一片。……第二、一天人。……第三、同真善。……第四、重人生而不重知論：中國哲人，因思想理論以生活實踐為依歸，所以特別注重人生實相之探求，生活準則之論究。……第五、重了悟不重論證。……第六、既非依附科學亦不依附宗教。」參見張岱年：《中國哲學大綱》，頁27～32。
〔註2〕張岱年：《中國哲學大綱》，頁29。
〔註3〕姚蒸民：《法家哲學》，頁4。
〔註4〕勞思光：《新編中國哲學史（一）》，頁331。

為基源問題時，必會混雜「君」的設定在內；荀子與韓非子雖都有尊君思想，但若細部抽絲剝繭荀子重君德與韓非子重君權的歷程性結構，或可說兩人對於「同一個問題（群─君）各自延伸出新的問題（如何建立一成就禮義之客觀軌道、如何致富強？或如何建立一有力統治？），最終所產生的不同解答（禮樂法、法術勢）」。呈現出「人─群─君」三面向的無法切割之整體性探討，而這一系列的邏輯推演又跟兩人對於人性的理解和解釋息息相關。

　　事實上，理解與解釋的詮釋，只要符合詮釋原則，就沒有對錯之分。〔註5〕這裡要注意的是，沒有預設的解釋是不可能的，並且整個詮釋又被這些預設所限制。於是，一個詮釋是否適當，依賴於它的預設能否一致和完整的詮釋它的對象。〔註6〕這裡也可說明為何荀子與韓非子對人性好利的現象，以「性惡」、「自利自為」的各自解釋，進而展現出其人性視域所預設呈現的不同風貌。中國哲學因人事而將政治哲學、倫理學、教育哲學、形而上之宇宙論、本體論或知識論均產生了「未離人事而獨存」的特色。所以獨論荀子的學說時，可如王邦雄將基源問題設在人性論；但是並論荀子與韓非子的學說時，又可將基源問題如勞思光設在政治哲學（「群─君」）內探究。換言之，在研究中國哲學時，「基源問題法」可幫助研究者理解中國哲學「未離人事而獨存」的特色，是絕對不可略過而不探其究竟的研究必經歷程。

　　荀子和韓非子因「前理解」不同，對於「人性」各有不同理解，這也連帶使得兩人的「視域融合（Fusion of Horizons）」不同，產生各自獨有的人性視域。「視域（Horizont）」本是指看視的區域，它包括了從某個立足點出發所能看到的一切。〔註7〕按照伽達默爾（Hans-Georg Gadamer）的看法，理解者和解釋者的視域不是封閉的和孤立的，它是理解在時間中進行交流的場所。視域融合不僅是歷時性（此指縱觀性）的，而且也是共時性（此指橫觀性）的。在視域融合中，歷史與現在，客體與主體，自我與他者，陌生性與熟悉性，構成了一個無限的統一整體。〔註8〕理解永遠是一個「視域融合」的過程。即過

〔註5〕帕瑪（Richard E. Palmer）說：「沒有一個詮釋是那『惟一的』、『正確的』詮釋。」參見帕瑪（Richard E.Palmer）著，嚴平譯：《詮釋學》，臺北市：桂冠圖書公司，1997，頁295。

〔註6〕陳榮華：《葛達瑪詮釋學與中國哲學的詮釋》，臺北市：明文書局，1998，頁248。

〔註7〕洪漢鼎：《當代哲學詮釋學導論》，頁144。

〔註8〕洪漢鼎：《當代哲學詮釋學導論》，頁145。

去與今天，他人與自己，陌生性與熟悉性的綜合，這種綜合就是一種想像力的結果。詮釋學經常是由這樣一種想像力通過「效果歷史（是指歷史通過制約我們的歷史理解力而產生效果。歷史精神的本質，並不在於對過去事物的修復，而是在於與現時生命的思維溝通）」因素一起所決定的。〔註9〕

　　簡言之，中國哲學主軸關注在「群」的問題上，荀子與韓非子的學說也不例外，在上述兩人透過「經驗」觀察「人性行為」覺察「個體均以自身為優先考量的人性現象」，確實看得出實質以人際間的問題為切入點。荀子與韓非子在人性觀察上均以「個體均以自身為優先考量的人性現象」作為解釋，比較接近西方哲學所謂的「個性（Persunality，或譯做人格）」〔註10〕。西方哲學著重探究「個性（人格）」的統一性，與中國哲學的思路不同，因此部分非本文重點，暫且擱置。荀子與韓非子不約而同將「個體均以自身為優先考量的人性現象」其歸結成為「人區別於動物的各種屬性和概括」，荀子的「化性起偽」歷程便是依此奠基發展出架構完整的人性論（指抽象地去解釋人的共同本質之觀點或學說），而韓非子則將此人性觀轉向實用性，並未進一步針對此一觀察引伸出相關的人性論。所以，根據荀子與韓非子的人性論與人性觀所探索的「群」的問題，所理解過後而產生各自獨有的人性觀點必然會反射在兩人的政治哲學的內容中，實質就是關注在「人—群—君」三個議題的共構返回循環彼此相互觀照。而「群」由「人」組成；「君」是指其政治學說上的身份，其本質仍是「人」；也就是說「人—群—君」的最小共同元素為「人」，所以本文才會以「人」作為理解荀子與韓非子的學說的起點，試圖將其概念作更充分的規定，〔註11〕並以現代觀點從兩人的「人性觀點」衍申到「人性視域」做分析，期盼能在中國哲學的研究道路上，嘗試不同邏輯的研究方向。

〔註 9〕洪漢鼎：《當代哲學詮釋學導論》，頁 235。

〔註10〕「人格指一個人的心靈稟賦及持久傾向的整體及其組織。……在正常情形中，各種意識功能均以自我為中心，而不同的經驗層次均形成一個整體結構，某些心裡病態卻會造一些精神的混亂狀況而使人格的統一性遭受破裂（人格分裂或雙重人格，經驗與自我意識分家）。」參見布魯格・華爾特（Brugger, Walter）編著，項退結編譯：《西洋哲學辭典》，頁 270。

〔註11〕康德（Immanuel Kant）說：「我在我們把一位作者，在日常談話裡或在著作中，關於他的對象所表述的思想進行比較時，發現我們甚而比作者自己理解他還更好地理解他，這並不是稀奇的事。由於他並沒有充分規定他的概念。」參見洪漢鼎：《當代哲學詮釋學導論》，頁 270。

第二節　荀子與韓非子思想的現代意義

　　從上，已看出荀子與韓非子的「人性觀點」和「人性視域」實以從「人」與「群」的兩方角度探究，無可避免的再延伸到對於「君」的相關議題，相似之處就是兩者都對於「法」安定國家社會有著高度期待。而「法」的部分或可參照朗尼根（Bernard J. F. Lonergan，1904～1984）的說法，他說人是社會動物（人不能離群而獨處），每個人都必須與他人建立關係並以人的倫常（君臣、父子、兄弟、夫婦、朋友五倫）自起始已存在於社會中並維繫了部族、國家，〔註12〕並提出「團體張力」（Tension of Community）乃是幕後維繫著社會團體的運作，朗尼根指出團體中本身蘊含著兩個相連而相對的原理：「情」（Affectivity）與「理」（Intelligence），它們在相互制衡的狀態下形成一種張力（Tension），社會團體的運作就是要在「情」與「理」的張力下進行。朗尼根認為個人主體的經驗層面被「神經」與「心靈」二原理所維繫，泛稱為「情」與「理」。〔註13〕團體中的「情」，是指小團體或人際間的自發性，他根植於個人的情欲好惡，與主體本性上的自然流露；團體中的「理」，指大社會的法制體系，根植於人理智上的理性要求。〔註14〕用一個廣義的眼光來討論社會的「治」與「亂」，社會的「治」：指人際間自發的「情」、與大社會透過「理」而奠立的「法」能彼此滿求；社會的「亂」是指「情」、「理」、「法」之不配合，衝突尖銳化。〔註15〕而社會的法制會經過多次的修正、改革、甚至崩潰。但是法制崩潰之後必會出現新的法則，因為人永遠不會同意絕對無政府狀態（Complete Anarchy）。〔註16〕

〔註12〕郎尼根說：「人是社會動物，社會團體的原始基礎是主體與主體之間自然流露的互通關係，總稱『主體際性關係』。原始團體（Primitive Community）是主體際性的——人既然不能離群而獨處，他就必須與他人拉上關係，連最原初的社會也以主體際性為其基礎。人的倫常乃君臣、父子、兄弟、夫婦、朋友五倫，倫常自起始已存在於社會中，人倫維繫了部族、國家。……」。見關永中：《朗尼根的認知理論《洞察》卷一釋義》，頁298。

〔註13〕郎尼根說：「『神經』乃人身體的腦神經中樞系統的簡稱，它是一切感官作用、情緒、本能衝動等動力的總匯，蘊含著個人的情欲好惡與自發性。至於『心靈』，則是經驗模式的提供者，按人理性生活上的旨趣而引申疏導作用，用以疏導人自發的情欲。」見關永中：《朗尼根的認知理論《洞察》卷一釋義》，頁301。

〔註14〕關永中：《朗尼根的認知理論《洞察》卷一釋義》，頁302。

〔註15〕關永中：《朗尼根的認知理論《洞察》卷一釋義》，頁304。

〔註16〕關永中：《朗尼根的認知理論《洞察》卷一釋義》，頁303。

也就是說，若從現代學子較為容易理解的說法來看，「法」是社會團體中的「理」所而奠立的，不只個人有「情」和「理」，團體中也被這兩個元素所維繫者。將此想法注入並理解荀子主張「法以禮為本」的說法，可看得出荀子將法律提升到道德倫理的層次，這似乎比一般認為「法律是最低限度的道德」，要來的積極。荀子提出以「樂合同、禮別異」意思是說音樂體現人們和諧一致的原則，禮則體現社會等級制度的原則。因此，在禮樂與教化相偕並進的歷程中，禮樂作為教化之手段與內容，其實有著極為豐富的「社會倫理」。〔註17〕透過禮樂教化的人心，經由自身推廣到社會團體作為制「法」的基礎，社會倫理才能具體的成為維持社會秩序的力量。荀子認為唯有禮義與禮法能落實於人倫秩序之中，使禮義與禮法成為政治與教化之工具，使人人得而遵循之，並奉為圭臬，社會才會合乎秩序而趨於安定。〔註18〕以現代的觀點來審視荀子的思想，會覺察其「化性起偽」的教化功能確實近似現代國民義務教育的概念。

其實韓非子只是依循現實制度以君王的立場出發，運用「抱法處勢」的方式管控人民，而前述已提到「抱法處勢」乃是利用「自利自為」的人性觀為起點；也就是在人的觀察部分強調「理」之應用元素（只競逐於自身最大利益的思辨模式）。此一觀點延伸社會團體作為制「法」的基礎，使得韓非子的「法」呈現出異於荀子「堅守以仁義價值為框架的道德」主張，轉向「揚棄以仁義價值為框架的道德」的道路上，再進一步牽掛了「國家公利至上」與「君王之利」之一統，使得邏輯推演的結果便是對君王的要求也呈現嚴謹的收斂「情」之外放，只求自身對大利益的堅持。如「君無見其所欲，君見其所欲，臣自將雕琢。」、「掩其跡，匿其端，下不能原；去其智，絕其能，下不能意。」、「去好去惡，臣乃見素；去舊去智，臣乃自備。」（《韓非子‧主道》）指出君王要做到喜怒不形於色，甚至不顯露自己的智慧與能力，才能防止臣下的揣摩、意度，如此便能洞見臣下的本來面目，使他們各守其職。韓非子的人性觀察著重把人的情欲好惡意旨在「自利自為」之框架，雖然看似與荀子所觀察的人性行為某些部分（好利）為同一種類型，但是因為其刻意偏重於功利實用的觀點，引導解釋並構築國家團體公利的無限上綱到等同「君王利於己」

〔註17〕曾春海、葉海煙、尤煌傑、李賢中：《中國哲學概論》，頁237～238。
〔註18〕曾春海、葉海煙、尤煌傑、李賢中：《中國哲學概論》，頁361。

的既定結論中，使得國家呈現「情」、「理」失衡之弊病。但是以現代的觀點來審視韓非子的思想，會覺察其以「法」的明文化與公平性為國家社會穩定狀態的基礎，確實符合現代法治社會需求。

現代為了要維持大社會法制體系的穩定，各國均有對全民施予教育的想法。以教育部公布的十二年國民基本教育課程綱要中總綱的課程目標之一：「涵育公民責任」為例，〔註19〕此乃是呼應十二年國民基本教育課程綱要中總綱的核心素養三大面向之一：「社會參與」。柏拉圖（Plato，西元前427～347）就說過「公民」德行素養結合教育的概念，〔註20〕而現代社會中的公民德行中著重「關係的和諧」，與儒家思想中強調的德行也是相通的。〔註21〕荀學中從「人」到「聖人」之間的「禮義」涵養歷程，實指「人」認知並自主實踐倫理行為的學習歷程。〔註22〕至於「社會參與」一詞則是強調這個學習過程中，

〔註19〕荀子與韓非子所處的戰國時期，七國各自為政，文字、語言與風俗民情都不同。多元文化或國際關係其實與也算得上可理解的知識，只能說荀子對於人成聖所應學習的知識核心價值，可以做為現在社會公民德行教育的內涵參考。關於十二年國民基本教育課程綱要的四項總體課程目標：啟發生命潛能、陶養生活知能、促進生涯發展、涵育公民責任。「涵育公民責任」的內容為「厚植民主素養、法治觀念、人權理念、道德勇氣、社區/部落意識、國家認同與國際理解，並學會自我負責。進而尊重多元文化與族群差異，追求社會正義；並深化地球公民愛護自然、珍愛生命、惜取資源的關懷心與行動力，積極致力於生態永續、文化發展等生生不息的共好理想。」資料引述自「國家教育研究院」網站：https://www.naer.edu.tw/ezfiles/0/1000/attach/87/pta_18543_581357_62438.pdf，頁2，瀏覽日期：2019年1月25日。

〔註20〕見 Plato, The Laws, I, trans. By T. J. Staunders (London: Penguin Books, 1970). "For we are not speaking of education in this narrower sense, but of that other education in virtue from youth upwards, which makes a man eagerly pursue the ideal perfection of citizenship, and teaches him how rightly to rule amd obey."譯文為「我們心目中想到的不是這種狹義的教育，而是自兒童時間開始的德行教育，提供他訓練在心中培養出立志成為完美公民的願望，能夠知道依正義的要求如何進行統治與被統治。」引見自黃藿：〈民主社會中的公民德行與公民教育——教育哲學角度的省思〉，《哲學與文化（月刊）》第46卷第4期，2019年4月，頁5（3～21）。

〔註21〕沈清松：〈論公民德行的陶成〉，《哲學與文化（月刊）》第25卷第5期，1998年5月，頁411（406～418）。

〔註22〕儒家論「人」總以「聖人」為最終目標，「君」也被許為「聖王」的期待。若將「聖人」的涵養過程抽離出個人的權威君王體系，置放在「公民」學習如何統治與被統治的德行教育中，其教育精神是頗相近的。只是時空因素不同，成「聖」的嚴苛標準並不適用「公民」的德行素養內；抑或者說，荀學中被詬病的「第一個聖人」問題，不存在於現代法治社會。

由認知內推而自主行（實踐）於外的關鍵呈現。荀子期許「君」是「聖（人）」，但是君在成「聖」之前必須先學會如何成為「人」，而社會中的「人」必要能群（「群」的概念可對照朗尼根（Bernard J. F. Lonergan）的「團體」）來看，〔註23〕而「君」更要善於發揮此特質（「君者，善群也」）。

當時，「君」是唯一的統治者，其他的人是「民」，都是被統治者。課綱中「社會參與」的內容為「強調學習者在彼此緊密連結的地球村中，需要學習處理社會的多元性，以參與行動與他人建立適切的合作模式與人際關係。每個人都需要以參與方式培養與他人或群體互動的素養，以提升人類整體生活品質。社會參與既是一種社會素養，也是一種公民意識。」〔註24〕其中提到的「公民」就極近似進行統治與被統治的「君」與「民（人）」角色互換，但是不論是君或民都希望群能維持「群居合一」的理想狀態。〔註25〕若以「君」與「民（人）」角色互換的概念視之，《韓非子》以「君」之角度立論方式，在先秦典籍顯得獨樹一格；再加上韓非子拋棄「待聖而治」而轉執「中人之治」理論，切合「民（人）」本就以「中人」居多的事實，而被詬病的隱諱「君王之術」也可隨著「君」與「民（人）」角色互換的概念轉變成「統治者之風格」遷移之正向解讀。

回溯韓非子理論的困境其實就是桎梏於傳統尊君的泥濘中，使得韓非子甚至提出君王馭臣之術重視的是「虛靜」、「無為」〔註26〕，把《老子》思想以君王角度重新詮釋為「君王保持虛靜無為的態度，才能洞察一切，不被臣下所蒙蔽。」雖然看似曲解了《老子》本意，卻也展現出韓非子對於任何學說

〔註23〕「水火有氣而無生，草木有生而無知，禽獸有知而無義⋯⋯人能群，彼不能群也。人何以能群？曰：分。分何以能行？曰：義。」（《荀子·修身》）。

〔註24〕十二年國民基本教育課程綱要的核心素養的三大面向：自主行動、溝通互動、社會參與。資料引述自「國家教育研究院」網站：https://www.naer.edu.tw/ezfiles/0/1000/attach/87/pta_18543_581357_62438.pdf，頁4，瀏覽日期：2019年1月25日。其中「公民意識」一詞應規範在教育範疇中，認知自身將有「公民身份之意識」即可，無須擴大至政治哲學內探究。

〔註25〕「故先王案為之制禮義以分之，使有貴賤之等，長幼之差，知愚能不能之分，皆使人載其事，而各得其宜。然後使穀祿多少厚薄之稱，是夫群居和一之道也。」（《荀子·榮辱》）、「上取象於天，下取象於地，中取則於人，人所以群居和一之理盡矣。」（《荀子·禮論》）

〔註26〕「虛則知實之情，靜則知動者正。」「虛靜無事，以闇見疵。」（《韓非子·主道》）

理論均採用「社會政治運作型的解釋」〔註27〕並注入政治實用的企圖心。或有人認為韓非子對於典籍的詮釋總是背離作者本意，但是關鍵並不是在於讀者能否完全把握作者的原意或重新建立作者的原創思想，而在於如何在閱讀的理解實質中，把過去已認知的真理與現時狀態中生命的思維再溝通。閱讀與理解的過程，讀者必然會從自身的歷史性出發，重新解讀文本與形成該讀者對於文本意義的重製。簡言之，理解的過程也就是意義的創生過程。由於讀者的經歷與時態變化，文本在被解讀過程中獲得的意義也處於不斷的流轉狀態，文本自身的意義才能不斷被創生和更新。〔註28〕

若能以此態度理解韓非子閱讀典籍的詮釋方式，會覺察所有人在閱讀古代典籍都可能展現出個人獨特的詮釋方式。因為任何人的理解都受到了際遇（詮釋學際遇 Hermeneutische Gelegenheit）的限制，它規定了我們的視域；理解的「視域」（Horizont），它標誌著理解的界限。我們站在過去的歷史視域了解歷史是不可能達到的，我們永遠在自己視域中理解；因為在閱讀與理解文本時，存在兩種視域：理解主體自身的視域，特定的歷史視域。伽達瑪（Hans-Georg Gadamer）提出尊重歷史，並不是把主觀化為虛無；與歷史對話，意味著我們已經把自身置於歷史的視域中，伽達瑪進一步提出一個重要的觀點「視域融合」：我們的視域和歷史視域並不因之消解，相反地構成了更為廣闊的視域，包容歷史和現代的整體視域。視域融合標誌著新的更大的視域之形成，這個新視域的形成無疑是一個不斷發生的過程，在這個過程中，一切理解的要素、進入理解的諸視域持續的合成生長著，構成了「某種具有活生生的價值的東西」。〔註29〕

本文的思想脈絡先從《荀子》、《韓非子》此兩部經典針對人性相似的觀察起點切入，依「社會政治運作型的解釋」視角深入檢視《荀子》、《韓非子》的人性視域，覺察雖同以「君—群」之法治奠定之政治哲學框架，內涵中卻又各自發展出不同的學說風貌。《荀子》中從性惡論為基石所蘊含的豐富教化

〔註27〕湯一介將中國古代早期經點詮釋歸納為三種路向：「歷史世界的解釋」、「整體性的哲學詮釋」、「社會政治運作型的解釋」。引見自景海鋒：〈解釋學與中國哲學〉，《哲學動態》第 271 期，2001 年 7 月，頁 17～18（13～18）。

〔註28〕Hans-Georg Gadamer：〈真理與方法〉，洪漢鼎編譯：《詮釋學經典文選上冊》，臺北市：桂冠圖書公司，2005，頁 173～191。

〔註29〕潘德榮：《詮釋學導論》，頁 132～136。

思想，再加以君王角度論述的《韓非子》，透過學者的深入詮釋，彷彿可以看見資深的教育家與年輕的政治家從相同的人性觀察，進行了「人」、「群」、「君」相關議題的把握與觀照，其人性視域呈現出「人—群—君」三面向的無法切割之整體性探討，兩種學說都具有細膩且豐厚的內涵。〔註30〕前述已提到個體（人）與團體（群）都會受到「情」、「理」的相互拉扯，合作與競爭取決於實際現實。荀子與韓非子面對當時代的嚴峻挑戰，提出了相關學說，但是不論是荀子的聖王制禮作樂理想，抑或韓非子抱法處勢尊君論述，都有其因君權世襲觀念框架的缺陷。若是能跳脫出當時代「君」權的思想鉗制，建立「君」與「民（人）」必須呈現能角色互換的前提，會覺察以現在的眼光來閱讀《荀子》、《韓非子》，此兩部經典或有機會化「舌劍脣槍」為「相互輝映」。李賢中曾說研究中國哲學時，若想以某一套方法普遍地適用於任何文獻材料，那必然會有諸多困難。〔註31〕在知識多元的時代，中西哲學雖無法完全等同類比，但也絕非壁壘分明；在學術研究中，以今非古的曲折雖在所難免，但更顯得古智今用彌足珍貴。自身具有教育背景，便以「個體」、「群體」、「情」、「理」等較易為青年學子理解的現代字詞注入研究結論之詮釋理解，憧憬於在教育現場推廣先秦典籍思想精粹之可能。詮釋理解並非離作者原意越遠越好，而是要在作者和讀者的視域融合中，展現出符合時代性的創造性思考。本研究秉持此一原則但深知其內容仍有許多不足之處，仍待來日以多方視角、歷時性的新思維再予以精進。

〔註30〕李賢中以「韓非與荀子談人性」為主題，描繪出韓非子提出當時政治現狀的急迫改革藍圖，也顯示出韓非子以絕不逃避的心態面對當時代所面臨的挑戰。見李賢中：《韓非，快逃！》，臺北市：三民書局，2016，頁8～12。

〔註31〕李賢中：〈中國哲學研究方法之省思〉，《哲學與文化（月刊）》第34卷第4期，2007年4月，頁14（7～24）。

參考文獻

一、字辭典

（一）中文著作

1. 馮契主編：《哲學大辭典》，上海：上海辭書出版社，1992。

2. 楊蔭隆主編：《西方文學理論大辭典》，長春：吉林文史出版社，1994。

（二）編譯著作

1. 布魯格・華爾特（Brugger, Walter）編著，項退結編譯：《西洋哲學辭典》，臺北縣：國立編譯館、先知出版社，1976。

二、原典註釋

（一）荀子部分

1. 王天海：《荀子校釋》，上海：上海古籍出版社，2005。

2. 王先謙：《荀子集解》，北京：中華書局，1996。

3. 王忠林：《新譯荀子讀本》，臺北市：三民書局，1972。

4. 李滌生：《荀子集釋》，臺北市：臺灣學生書局，2000。

5. 熊公哲：《荀子今註今譯》，臺北市：臺灣商務印書館，1980。

（二）韓非子部分

1. 王先慎著，鍾哲點校：《韓非子集解》，北京：中華書局，2011。

2. 陳啟天：《增訂韓非子校釋》，臺北市：臺灣商務印書館，1969。

3. 賴炎元、傅武光：《新譯韓非子》，臺北市：三民書局，1990。

（三）其他

1. （漢）許慎撰，（清）段玉裁注，王進祥注音：《說文解字注》，臺北市：鼎淵文化事業有限公司，2003。

2. （漢）劉向：《戰國策》，臺北市：里仁書局，1990。

3. 朱友華、梅季、周本述：《商君書 慎子 孫子 吾子譯注》，臺北市：建安出版社，1998。

4. 李生龍：《新譯墨子讀本》，臺北市：三民書局，2000。

5. 賀凌虛：《商君書今註今譯》，臺北市：臺灣商務印書館，1987。

6. 謝冰瑩、李鍌、劉正浩、邱燮友、賴炎元、陳滿銘：《新譯四書讀本》，臺北市：三民書局，1999。

7. 韓兆琦：《新譯史記（六）列傳一》，臺北市：三民書局，2008。

8. 瀧川龜太郎：《史記會注考證》，臺北市：天工書局，1989。

9. 楊家駱：《老子道德經注》，臺北市：世界書局，1956。

三、一般論著

（一）中文著作

1. 王邦雄：《韓非子的哲學》，臺北市：東大圖書公司，1979。

2. 王穎：《荀子倫理思想研究》，黑龍江：人民出版社，2006。

3. 王靜芝：《韓非子思想體系》，臺北縣新莊鎮：輔仁大學文學院，1977。

4. 王讚源：《中國法家哲學》，臺北市：東大圖書公司，1991。

5. 王讚源：《墨子》，臺北市：東大圖書公司，1996。

6. 白奚：《稷下學研究──中國古代的思想與百家爭鳴》，北京：生活・讀書・新知三聯書局，1998。

7. 牟宗三：《才性與玄理》，臺北市：學生書局，1979。

8. 牟宗三：《中國哲學十九講》，臺北市：臺灣學生書局，2002。

9. 牟宗三：《牟宗三先生全集2》，《名家與荀子》，臺北市：聯經出版公司，2003。

10. 宋洪兵：《韓非子政治思想再研究》，北京：中國人民大學，2010。

11. 李哲賢：《荀子之核心思想──「禮義之統」及其現代意義》，臺北市：文津出版社，1994。

12. 李甦平：《韓非》，臺北市：東大圖書公司，1998。

13. 李瑩瑜：《荀子內聖外王思想研究》，臺北縣永和市：花木蘭文化出版社，2009。

14. 李賢中：《墨學——理論與方法》，臺北市：揚智文化，2003。

15. 李賢中：《韓非，快逃！》，臺北市：三民書局，2016。

16. 李澤厚：《中國古代思想史論》，臺北縣樹林鎮：漢京文化出版社，1987。

17. 周群振：《荀子思想研究》，臺北市：文津出版社，1987。

18. 林義正：〈先秦法家人性論之研究〉，《中國人性論》，臺北市：東大圖書公司，1990。

19. 林麗娥：《先秦齊學考》，臺北市：臺灣商務印書館股份有限公司，1992。

20. 姚厚介：《西方哲學史》，第二卷，《古代希臘與羅馬哲學（下）》，南京：鳳凰出版社，江蘇人民出版社，2005。

21. 姚厚介：《希臘哲學史 2》，北京：人民出版社，1997。

22. 姚蒸民：《法家哲學》，臺北市：東大圖書公司，2006。

23. 姚蒸民：《韓非子通論》，臺北市：東大圖書公司，1999。

24. 洪漢鼎：《當代哲學詮釋學導論》，臺北市：五南出版社，2014。

25. 胡家聰：《稷下爭鳴與黃老新學》，北京：中國社會科學出版社，1998。

26. 胡適：《中國哲學史大綱》（外一種），河北：河北教育出版社，2002。

27. 唐君毅：《中國哲學原論‧原性篇》，香港：新亞書院研究所，1968。

28. 唐君毅：《唐君毅全集》，卷十三，《中國哲學原論‧原性篇》，臺北市：臺灣學生書局，1991。

29. 徐復觀：《中國人性論史‧先秦篇》，臺北市：臺灣商務印書館，1978。

30. 徐漢昌：《韓非的法學與文學》，臺北市：維新書局，1979。

31. 高柏園：《人性管理的終結者》，臺北市：漢藝色研文化事業有限公司，1990。

32. 高柏園：《韓非哲學研究》，臺北市：文津出版社，1994。

33. 張匀翔：《攝王與禮、攝禮於德——荀子之智德及倫理社會架構之意涵》，臺北縣永和市：花木蘭文化出版社，2010。

34. 張立文：《性》，北京：中國人民大學出版社，1996。

35. 張岱年：《中國哲學大綱》，臺北市：藍燈文化事業股份有限公司，1992。

36. 張純、王曉波：《韓非子思想的歷史研究》，臺北市：聯經出版事業公司，1994。

37. 張素貞：《韓非子的實用哲學》，臺北市：中央日報出版部，1989。

38. 梅仲協：《法學緒論》，臺北市：中國文化大學，1985。

39. 陳大齊：《荀子學說》，臺北市：中國文化大學，1989。

40. 陳拱：《韓非思想衡論》，臺北市：臺灣商務印書館，2008。

41. 陳飛龍：《孔孟荀禮學之研究》，臺北市：文史哲出版社，1982。

42. 陳望衡：《中國古典美學史》，臺北市：華正書局，2001。

43. 陳榮華：《葛達瑪詮釋學與中國哲學的詮釋》，臺北市：明文書局，1998。

44. 傅斯年：《性命古訓辯證》，桂林：廣西師範大學出版社，2006。

45. 勞思光：《新編中國哲學史（一）》，臺北市：三民書局，2000。

46. 曾春海、葉海煙、尤煌傑、李賢中：《中國哲學概論》，臺北市：五南出版社，2005。

47. 馮友蘭：《中國哲學史》，北京：中華書局，1992。

48. 楊秀宮：《孔孟荀禮法思想的演變與發展》，臺北市：文史哲出版社，2000。

49. 楊承彬：《孔、孟、荀的道德思想》，臺北市：臺灣商務印書館，1992。

50. 廖名春：《荀子新探》，臺北市：文津出版社，1994。

51. 熊十力：《韓非子評論》，臺北市：臺灣學生書局，1984。

52. 趙士林：《荀子》，臺北市：東大圖書，1999。

53. 趙中偉：《道者，萬物之宗：兩漢道家形上思維研究》，臺北市：洪葉文化事業有限公司，2004。

54. 潘小慧：〈荀子以「君—群」為架構的政治哲學思考〉，《儒家倫理學與士林哲學》，臺北市：至潔有限公司，2021。

55. 潘小慧：〈荀子言性惡，善如何可能？〉，《儒家倫理學與士林哲學》，臺北市：至潔有限公司，2021。

56. 潘小慧：〈從「解蔽心」到「是是非非」：荀子道德知識論的建構及其當代意義〉，《儒家倫理學與士林哲學》，臺北市：至潔有限公司，2021。

57. 潘小慧：《從解蔽心看荀子的知識論與方法學》，臺北縣永和市：花木蘭文化出版社，2009。

58. 潘德榮：《詮釋學導論》，臺北市：五南出版社，1999。

59. 蔡仁厚:《中國哲學史綱》,臺北市:臺灣學生書局,1988。

60. 蔡仁厚:《孔孟荀哲學》,臺北市:臺灣學生書局,1984。

61. 蕭公權:《中國政治思想史(上)》,臺北市:聯經出版事業公司,1991。

62. 錢穆:《中國思想史》,臺北市:臺灣學生書局,1985。

63. 錢穆:《先秦諸子繫年》,臺北市:三民書局,1981。

64. 龍宇純:《荀子論集》,臺北市:學生書局,1987。

65. 謝雲飛:《韓非子析論》,臺北市:東大圖書公司,1980。

66. 羅光:《羅光全書》,六冊,《中國哲學思想史·先秦篇》,臺北市:臺灣學生書局,1996。

67. 羅根澤:《諸子考索》,北京:人民出版社,1958。

68. 譚宇權:《荀子學說評論》,臺北市:文津出版社,1994。

69. 關永中:《朗尼根的認知理論《洞察》卷一釋義》,臺北市:哲學與文化月刊雜誌社,1991。

(二)翻譯著作

1. Hans-Georg Gadamer:〈真理與方法〉,洪漢鼎編譯:《詮釋學經典文選上冊》,臺北市:桂冠圖書公司,2005。

2. Hans-Georg Gadamer 著,洪漢鼎譯:《真理與方法》,2 冊,第 1 卷,臺北市:時報文化,1993。

3. 帕瑪(Richard E.Palmer)著,嚴平譯:《詮釋學》,臺北市:桂冠圖書公司,1997。

四、期刊論文

1. 方旭東:〈可能而不能——荀子論為善過程中的意志自由問題〉,《哲學與文化(月刊)》第 34 卷第 12 期,2007 年 12 月,頁 55~68。

2. 王邦雄:〈從儒法之爭看韓非哲學的現代意義(上)〉,《鵝湖月刊》第 91 期,1983 年 1 月,頁 2~8。

3. 王邦雄:〈從儒法之爭看韓非哲學的現代意義(下)〉,《鵝湖月刊》第 92 期,1983 年 2 月,頁 22~30。

4. 王曉波:〈韓非的人性論社會論與歷史論〉,《食貨月刊》第 12 卷第 2 期,1982 年 5 月,頁 49~64。

5. 白彤東：〈韓非子與現代性——一個綱要性的的論述〉，《中國人民大學學報》，2011 年 9 月，頁 49～57。

6. 朱弘道：〈對詹康〈韓非論人新說〉的反思〉，《國立政治大學哲學學報》第 36 期，2016 年 7 月，頁 113～158。

7. 李賢中：〈中國哲學研究方法之省思〉，《哲學與文化（月刊）》第 34 卷第 4 期，2007 年 4 月，頁 7～24。

8. 沈清松：〈論公民德行的陶成〉，《哲學與文化（月刊）》第 25 卷第 5 期，1998 年 5 月，頁 406～418。

9. 林安梧：〈韓非政治哲學的特質及其困限——以「法」、「術」、「勢」三者為核心展開的分析〉，《鵝湖學誌》第 1 期，1988 年 5 月，頁 97～119。

10. 林育瑾：〈以韓非思想反思審議式民主的困境與可能〉，《國家發展研究》第 15 卷第 2 期，2016 年 6 月，頁 91～130。

11. 洪巳軒：〈從《韓非子》「人設之勢」論政治權力之鞏固〉，《國立臺灣大學哲學論評》第 51 期，2016 年 3 月，頁 1～34。

12. 韋政通：〈韓非及其哲學〉，《現代學苑》第 8 卷第 11 期，1971 年 11 月，頁 441～449。

13. 張匀翔：〈本於立人道之荀子「不求知天」與「知天」觀之智德內涵〉《哲學與文化（月刊）》第 34 卷第 12 期，2007 年 12 月，頁 69～86。

14. 傅玲玲：〈「不以善惡論之」——韓非人性論之討論〉，《哲學論集》第 40 期，2007 年 7 月，頁 79～96。

15. 景海鋒：〈解釋學與中國哲學〉，《哲學動態》第 271 期，2001 年 7 月，頁 13～18。

16. 曾暐傑：〈尊君原是為民——論韓非的集權專制思想以「利民」為目的〉，《應華學報》第 15 期，2014 年 6 月，頁 39～76。

17. 黃藿：〈民主社會中的公民德行與公民教育——教育哲學角度的省思〉，《哲學與文化（月刊）》第 46 卷第 4 期，2019 年 4 月，頁 3～21。

18. 詹哲裕：〈韓非法學思想體系之探析〉，《復興崗學報》第 45 期，1990 年 6 月，頁 357～383。

19. 詹康：〈韓非論人新說〉，《政治與社會哲學評論》第 26 期，2008 年 9 月，頁 97～153。

五、碩博士論文

1. 王淑理：《荀子之政治哲學與其人性論研究》，國立中山大學中國文學系博士論文，2016。

2. 朱敏伶：《從荀子的性惡論看「善」的實現》，天主教輔仁大學哲學系碩士論文，2012。另收錄於林慶彰主編，《中國學術思想研究輯刊》二九編，新北市：花木蘭文化出版社，2019。

3. 吳源鴻：《荀子禮治與韓非法治理論基礎述評》，高雄師範大學中國文學系碩士論文，1984。

4. 李載學：《荀子的禮治思想與韓非子的法治思想之比較研究》，天主教輔仁大學哲學系碩士論文，1992。

5. 周筱葳：《韓非子對墨子政治思想承與變之研究》，國立高雄師範大學國文學系博士論文，2018。

6. 林育瑾：《論韓非「存王論霸」之「正道」政治思想》，國立臺灣大學國家發展研究所博士論文，2019。

7. 金春燕：《荀子「天人分合」思想之研究》，逢甲大學中國文學系博士論文，2019。

8. 張永杰：《《韓非子》法思想及其現代意義》，天主教輔仁大學哲學系在職專班碩士論文，2018。

9. 張竹貞：《《荀子》與《韓非子》教育思想之比較》，中山大學中國文學系在職專班碩士論文，2007。

10. 張庭：《先秦法家法治思想與社會主義法治國家建設》，山東大學法學院碩士論文，2007。

11. 許薾君：《從《韓非子》寓言論韓非的政治思想》，淡江大學中國文學系博士論文，2009。

12. 葉冰心：《荀子的人觀——以社群倫理為核心的探究》，中國文化大學哲學系博士論文，2019。

13. 歐嘉慧：《先秦荀子與韓非子法家思想之比較》，東海大學政治學系碩士論文，2004。

14. 盧品青：《從「禮—法」觀比較荀子與韓非之政治哲學》，天主教輔仁大學哲學系碩士論文，2011。

15. 鍾麗琴：《荀子與韓非教育思想之比較》，明道大學國學研究所碩士論文，
2006。

六、網路資料

1. 「國家教育研究院」網站：https://www.naer.edu.tw/ezfiles/0/1000/attach/87/
pta_18543_581357_62438.pdf，瀏覽日期：2019 年 1 月 25 日。

2. 「臺灣博碩士論文知識加值系統」網站：https://ndltd.ncl.edu.tw/cgi-bin/
gs32/gsweb.cgi/ccd=DsJCqY/webmge?mode=basic，瀏覽日期：2021 年 10
月 1 日。

後　記

　　2012 年從天主教輔仁大學哲學碩士班畢業後，礙於工作與家庭的忙碌，除了靠著上圖書館借書自學之外，讀博士班的念頭擱置了七年。

　　2019 年，我有幸進入輔仁大學中文博士班就讀。原本以為進入中文系博士班就讀的人大多以教師或文字學、文學相關研究者為主，沒想到輔大中文所中的同學原本所學其實不拘一格：有專業的命理師來攻讀《易經》、有宗教相關工作者來剖析《老子》文學性與宗教性之註釋差異、有故宮博物院的解說員來研究甲骨文和金文的演變、有景觀設計師來修習古文和藝術字體、有篆刻師來鑽研歷代印章的字體與佈局結構、有京劇表演者想深讀京劇的用韻原理、還有已退休的銀行主管為了溫習《詩經》的文學之美而來……。其中，最特別的莫過於想將《西遊記》泰文版重新整理編譯的同學，不遠千里，特地從泰國來到輔大中文所學習漢語。

　　在博士班修習學分期間，非常感謝劉雅芬老師、顏崑陽老師、金周生老師的認真教學，讓我在漢語詞彙與語法、詩學、聲韻學方面都收穫頗豐。最感謝的是趙中偉老師，他不僅僅在先秦兩漢相關學術研究功力深厚，對於詮釋學的理解深入，對於我在此篇論文中的許多觀點啟發甚大。潘小慧教授指導我寫《一種人性，兩種視域：荀子與韓非子人性觀之比較》的期間，不論知識上或生活上，都給予我最大的支持。她對於學術與生活的種種堅持與毅力，讓人敬佩。

　　學術研究的路上，難免有倦怠的時候。感謝諸位老師讓我有短暫停泊之處，並鼓勵我繼續前行。